Oscar Wilde

Märchen

Übersetzt von Franz Blei

LIWI

LITERATUR- UND WISSENSCHAFTSVERLAG

Oscar Wilde
Märchen
Übersetzt von Franz Blei
Erstdruck unter dem Titel: „The Happy Prince and Other Tales“, David Nutt, London 1888.

Neuausgabe, Göttingen 2019.
LIWI Literatur- und Wissenschaftsverlag
Thomas Löding, Bergenstr. 3, 37075 Göttingen
Druck: BoD GmbH, In de Tarpen 42, 22848 Norderstedt
ISBN: 978-3-96542-109-7

Inhaltsverzeichnis

Der glückliche Prinz

Hoch über der Stadt stand auf einer mächtigen Säule die Statue des glücklichen Prinzen. Sie war über und über mit dünnen Goldblättchen bedeckt, statt der Augen hatte sie zwei glänzende Saphire, und ein großer roter Rubin leuchtete auf seiner Schwertscheide.

Alles bestaunte und bewunderte ihn sehr. »Er ist so schön wie ein Wetterhahn«, bemerkte einer der Stadträte, der darauf aus war, für einen in Kunstdingen geschmackvollen Mann zu gelten: »bloß nicht ganz so nützlich«, fügte er hinzu, da er fürchtete, man könnte ihn sonst für unpraktisch halten, was er durchaus nicht war.

»Warum bist du nicht wie der glückliche Prinz?« fragte eine empfindsame Mutter ihren kleinen Jungen, der weinend nach dem Mond verlangte. »Dem glücklichen Prinzen fällt es nie ein, um etwas zu weinen.«

»Ich bin froh, daß es wenigstens einen gibt, der in dieser Welt ganz glücklich ist«, sagte leise ein Enttäuschter mit einem Blick auf das wundervolle Standbild.

»Er sieht genau aus wie ein Engel«, sagten die Waisenkinder, als sie in ihren purpurroten Mänteln und sauberen Vorstecklätzchen aus der Kathedrale kamen.

»Wie könnt ihr das wissen?« fragte der Mathematiklehrer. »Ihr habt doch nie einen gesehen.«

»O doch, im Traum«, antworteten die Kinder; und der Mathematiklehrer runzelte die Stirn und machte ein sehr strenges Gesicht, denn er billigte Kinderträume nicht.

Da flog eines Nachts ein kleiner Schwälberich über die Stadt. Seine Freunde waren schon vor sechs Wochen nach Ägypten gezogen, aber er war zurückgeblieben, weil er sich in eine ganz wunderschöne Schilfrispe verliebt hatte. Ganz zeitig im Frühling hatte der Schwälberich die Rispe zum erstenmal gesehen, als er gerade hinter einer großen gelben Motte her über den Fluß flog, und war von der Schlankheit der Rispe so entzückt gewesen, daß er haltgemacht hatte, um mit ihr zu plaudern.

»Soll ich dich lieben?« fragte der Schwälberich, der es liebte, immer gleich gerade auf sein Ziel loszugehen. Und die Schilfrispe verneigte sich tief vor ihm. So flog er immer und immer um die Schlanke herum, rührte leicht das Wasser mit seinen Flügeln und machte kleine silberne Wellen darauf. Das war die Art, wie er warb, und es dauerte den ganzen Sommer hindurch.

»Das ist ein lächerliches Attachement«, zwitscherten die andern Schwalben; »die Schilfrispe hat gar kein Vermögen und viel zu viel Verwandte« – und in der Tat war der Fluß ganz voll von Schilf. Als dann der Herbst kam, flogen sie alle davon.

Als sie fort waren, fühlte sich der Schwälberich einsam und fing an, seiner romantischen Liebe überdrüssig zu werden. »Sie kann sich gar nicht unterhalten«, sagte er, »und ich fürchte, sie ist eine Kokette, denn sie flirtet immer mit dem Wind.« Wirklich machte die Schilfrispe, sooft der Wind blies, die graziösesten Verbeugungen.

»Ich gebe gerne zu, daß sie sehr häuslich ist«, fuhr er fort; »aber ich liebe das Reisen, und deshalb soll meine Frau es auch lieben.«

»Willst du mit mir fort?« fragte der Vogel endlich die Rispe; die aber schüttelte den Kopf – sie hing so sehr an der Heimat.

»Du hast mit mir gespielt«, rief da der Schwälberich, »ich mache mich auf nach den Pyramiden. Leb wohl!« Und flog davon.

Den ganzen Tag über flog er und erreichte gegen Abend die Stadt. »Wo soll ich absteigen?« sagte er. »Hoffentlich hat die Stadt Vorbereitungen getroffen.«

Da sah er das Standbild auf der hohen Säule. »Hier will ich absteigen«, rief er, »es hat eine hübsche Lage und viel frische Luft.« Und damit ließ er sich gerade zwischen den Füßen des glücklichen Prinzen nieder.

»Ich habe ein goldenes Schlafzimmer«, sagte er wohlgefällig zu sich selber, während er umherschaute und sich anschickte, schlafen zu gehen; aber gerade, als er seinen Kopf unter seinen Flügel stecken wollte, fiel ein großer Regentropfen auf ihn nieder. »Wie sonderbar«, rief er; »am Himmel ist nicht das kleinste Wölkchen, die Sterne sind hell und leuchten, und doch regnet es. Das Klima im nördlichen Europa ist schon wirklich abscheulich. Die Schilfrispe liebte ja den Regen sehr, aber das war bloß ihr Egoismus.«

Da fiel ein zweiter Tropfen.

»Was für einen Zweck hat denn eigentlich eine Statue, wenn sie nicht den Regen abhalten kann?« sagte der Vogel. »Ich muß mich lieber nach einem guten Schornstein umsehen«, und er wollte schon fortfliegen.

Doch bevor er noch seine Flügel ausgebreitet hatte, fiel ein dritter Tropfen; er schaute in die Höhe und sah – ja, was sah er?

Die Augen des glücklichen Prinzen waren voll Tränen, und Tränen liefen ihm über die goldenen Wangen. Sein Gesicht war so wunderschön im Mondlicht, daß den Schwälberich das Mitleid faßte.

»Wer bist du?« sagte er.

»Ich bin der glückliche Prinz.«

»Weshalb weinst du denn?« fragte der Vogel. »Du hast mich ganz naß gemacht.«

»Als ich noch am Leben war und ein Menschenherz hatte«, antwortete die Statue, »da wußte ich nicht, was Tränen sind; denn ich lebte in dem Palast Ohnsorge, in den die Sorge keinen Zutritt hat. Tagsüber spielte ich mit meinen Gefährten im Garten, und des Abends führte ich den Tanz in der großen Halle. Rund um den Garten lief eine sehr hohe Mauer, aber nie dachte ich daran, zu fragen, was wohl dahinter läge, so schön war alles um mich her. Meine Höflinge nannten mich den glücklichen Prinzen, und glücklich war ich in der Tat, wenn Vergnügen Glück bedeutet. So lebte ich, und so starb ich. Und nun, da ich tot bin, haben sie mich hier hinaufgestellt, so hoch, daß ich alle Häßlichkeit und alles Elend meiner Stadt sehen kann, und wenn auch mein Herz von Blei ist, kann ich nicht anders als weinen.«

»Wie, es ist nicht von echtem Gold?« sprach der Vogel zu sich. Denn er war zu höflich, als daß er eine so persönliche Bemerkung laut gemacht hätte.

»Weit fern von hier«, fuhr die Statue mit einer leisen, melodischen Stimme fort, »weit fern von hier in einer kleinen schmalen Gasse steht ein armseliges Haus. Eins der Fenster ist offen, und so sehe ich eine Frau am Tische sitzen. Ihr Gesicht ist mager und verhärmt, und sie hat rauhe, rote Hände, nadelzerstochen, denn sie ist eine Näherin. Sie stickt Passionsblumen in ein Seidenkleid, das die schönste von den Ehrendamen der Königin am nächsten Hofball tragen soll. In einem Winkel des Zimmers liegt ihr kleiner Junge krank im Bett. Er fiebert und verlangt nach Pomeranzen. Die Mutter kann ihm nichts mehr geben als Wasser aus dem Fluß, und daher weint er. Vogel, Vogel, kleiner Vogel, willst du ihr nicht den Rubin aus meiner Schwertscheide hinbringen? Meine Füße sind an dem Sockel befestigt, und ich kann mich nicht bewegen.«

»Man erwartet mich in Ägypten«, sagte der Schwälberich. »Meine Freunde fliegen den Nil auf und nieder und unterhalten sich mit den großen Lotosblüten. Bald werden sie sich im Grab des großen Königs schlafen legen. Er ist in gelbe Leinen gehüllt und mit Spezereien balsamiert. Um seinen Hals liegt eine Kette aus blaßgrünem Nephrit, und seine Hände sind wie vertrocknete Blätter.«

»Vogel, Vogel, kleiner Vogel«, sagte der Prinz, »willst du nicht diese eine Nacht bei mir bleiben und mein Bote sein? Der Knabe ist so durstig und die Mutter so traurig.«

»Ich glaube, ich mache mir nichts aus Knaben«, antwortete der Schwälberich. »Als ich letzten Sommer am Fluß wohnte, da waren so rohe Buben, des Müllers Söhne, die immer Steine nach mir warfen. Getroffen haben sie mich natürlich nie, denn wir Schwalben fliegen dafür viel zu gut, und ich stamme zudem aus einer Familie, die wegen ihrer Behendigkeit berühmt ist; aber es war doch immerhin ein Zeichen von Respektlosigkeit.«

Aber der glückliche Prinz sah so traurig aus, daß es den kleinen Schwälberich bekümmerte. »Es ist sehr kalt hier«, sagte er, »aber ich will trotzdem diese eine Nacht bei dir bleiben und dein Bote sein.«

»Ich danke dir, kleiner Vogel«, sagte der Prinz.

So pickte der Schwälberich aus des Prinzen Schwert den großen Rubin und flog mit ihm weg über die Dächer der Stadt und trug ihn im Schnabel.

Er flog an dem Turm des Domes vorbei, auf dem die weißen Marmorengel stehen. Er flog über den Palast hin und hörte die Musik von Tanzweisen. Ein schönes Mädchen trat mit seinem Geliebten auf den Balkon hinaus. »Wie wundervoll die Sterne sind«, sagte er zu ihr, »und wie wunderbar die Macht der Liebe!«

»Hoffentlich wird mein Kleid zum Staatsball fertig«, antwortete sie, »ich lasse mir Passionsblumen darauf sticken; aber die Schneiderinnen sind so faul.«

Er flog über den Fluß und sah die Laternen an den Schiffsmasten. Er flog über das Getto und sah die alten Juden miteinander handeln und auf kupfernen Waagen das Geld wiegen. Endlich erreichte er das armselige Haus und schaute hinein. Der Knabe warf sich fiebernd herum, und die Mutter war vor Müdigkeit eingeschlafen. Hinein ins Zimmer hüpfte der Schwälberich und legte den Rubin auf den Tisch gerade neben den Fingerhut der Frau. Dann kreiste er leise um das Bett und fächelte des Jungen Stirn mit den Flügeln. »Wie kühl mir ist«, sagte der Knabe, »ich glaube, es wird mir besser«, und er sank in einen köstlichen Schlaf. Darauf flog der Schwälberich zurück zu dem glücklichen Prinzen und erzählte ihm, was er getan hatte. »Merkwürdig«, sagte er, »mir ist mit einemmal ganz warm geworden, obgleich es so kalt ist.«

»Das kommt von deiner guten Tat«, sagte der Prinz. Und der kleine Vogel begann darüber nachzudenken und schlief ein. Denken machte ihn immer schläfrig.

Als der Tag anbrach, flog der Vogel hinab zum Fluß und nahm ein Bad.

»Was für ein bemerkenswertes Phänomenon«, sagte der Professor der Ornithologie, während er über die Brücke ging, »eine Schwalbe im Winter!« Und er schrieb darüber einen langen Brief an die Lokalzeitung. Alles sprach von diesem Aufsatz, der so wortreich war, daß niemand ihn verstehen konnte.

»Heut nacht mach' ich mich auf nach Ägypten«, sagte der Schwälberich und war hochvergnügt bei dem Gedanken. Er besuchte alle Denkmäler und öffentlichen Bauwerke der Stadt und saß lange auf der Kirchturmspitze. Wo immer er hinkam, da piepten die Spatzen, und einer sagte zum andern: »Was für ein vornehmer Fremder!«, und dabei amüsierte sich der Schwälberich sehr.

Als der Mond aufging, flog er zurück zu dem glücklichen Prinzen. »Hast du irgendwelche Aufträge für Ägypten?« rief er. »Ich reise gerade dahin ab.«

»Vogel, Vogel, kleiner Vogel«, sagte der Prinz, »willst du nicht noch eine Nacht bei mir bleiben?«

»Ich werde in Ägypten erwartet«, antwortete der Schwälberich. »Morgen fliegen meine Gefährten zum zweiten Katarakt hinauf. Dort liegt das Nilpferd unter den Binsen, und auf einem großen granitnen Thron sitzt der Gott Memnon. Die ganze Nacht lang blickt er zu den Sternen, und wenn der Morgenstern aufglänzt, stößt er einen langen Freudenschrei aus, und dann ist er wieder still. Zu Mittag kommen die gelben Löwen ans Flußufer, um zu trinken. Sie haben Augen wie grüne Berylle, und ihr Gebrüll übertönt das Brüllen des Katarakts.«

»Vogel, Vogel, mein kleiner Vogel«, sagte der Prinz, »weit weg über der Stadt sehe ich einen jungen Mann in einer Dachstube. Er lehnt sich über einen mit Papieren bedeckten Tisch, und neben ihm steht in einem Wasserglase ein kleiner Strauß verwelkter Veilchen. Sein Haar ist braun und gelockt, seine Lippen sind rot wie eine Granatblüte, und er hat große und träumerische Augen. Er versucht ein Schauspiel fertigzuschreiben, aber er kann nicht weiter vor Kälte. Es ist kein Feuer im Ofen, und der Hunger hat ihn ohnmächtig gemacht.«

»Ich will noch eine Nacht länger bei dir bleiben«, sagte der Schwälberich, der eigentlich ein gutes Herz hatte. »Soll ich ihm auch einen Rubin bringen?«

»Ach, ich habe keinen Rubin mehr«, sagte der Prinz, »nur meine Augen sind mir noch geblieben. Sie sind aus seltenen Saphiren gemacht, die man vor tausend Jahren aus Indien gebracht hat. Picke eines heraus und bring es ihm. Er wird es an einen Juwelier verkaufen und sich dafür Essen und Feuerung verschaffen und sein Stück beenden.«

»Lieber Prinz«, sagte der Schwälberich, »das kann ich nicht tun«, und er begann zu weinen.

»Vogel, Vogel, kleiner Vogel«, sagte der Prinz, »tu, wie ich dich heiße.«

Also pickte der Schwälberich dem Prinzen das Auge aus und flog zur Dachkammer des Studenten. Es war nicht schwer hineinzukommen, denn es war ein Loch im Dach. Durch das schlüpfte der Vogel in die kleine Stube. Der Jüngling hielt den Kopf in den Händen vergraben, und so hörte er nicht das Flattern des Vogels, und als er aufschaute, da fand er den schönen Saphir, der auf den verblaßten Veilchen lag.

»Man fängt an, mich zu würdigen«, rief er aus; »das kommt sicher von einem großen Bewunderer. Nun kann ich mein Stück fertigschreiben.« Und er sah ganz glücklich aus.

Am nächsten Tag flog der Schwälberich hinab zum Hafen. Er setzte sich auf den Mast des größten Schiffes und beobachtete die Matrosen, die an Tauen große Ballen aus dem Schiffsraum emporwanden. »Heb auf!« schrien sie bei jeden Ruck am Tau.

»Ich geh' nach Ägypten!« rief der Vogel; aber niemand achtete auf ihn, und als der Mond aufging, flog er zu dem glücklichen Prinzen. »Ich komme, dir Lebewohl zu sagen«, rief er.

»Vogel, Vogel, kleiner Vogel«, sagte der Prinz, »willst du nicht noch eine Nacht bei mir bleiben?«

»Es ist Winter«, sagte der Schwälberich, »und der kalte Schnee wird bald dasein. In Ägypten scheint die Sonne warm auf die grünen Palmen, und die Krokodile liegen im Schlamm und schauen faul vor sich hin. Meine Gefährten bauen ihr Nest im Tempel von Baalbek, und die weiß- und rotgefiederten Tauben schauen ihnen zu und girren. Lieber Prinz, ich muß dich verlassen, aber ich will dich nie vergessen, und im nächsten Frühling bringe ich dir zwei schöne Edelsteine wieder für die, die du weggegeben hast. Der Rubin soll röter sein als eine rote Rose und der Saphir so blau wie die große See.«

»Dort unten auf dem Platz«, sagte der Prinz, »da steht ein kleines Streichholzmädel, die hat ihre Hölzer in die Gosse fallen lassen, und sie sind alle verdorben. Ihr Vater wird sie schlagen, wenn sie ihm kein Geld heimbringt, und sie weint. Pick mir das andere Auge aus und gib es ihr, und ihr Vater wird sie nicht schlagen.«

»Ich will noch eine Nacht bei dir bleiben«, sagte der Vogel, »aber ich kann dir dein Auge nicht auspicken. Du wärest dann ja ganz blind.«

»Vogel, Vogel, kleiner Vogel«, sagte der Prinz, »tu, wie ich dich heiße.«

Also pickte der Schwälberich dem Prinzen auch das andere Auge aus und flog damit weg. Er strich über den Kopf des Mädels hin und ließ den Edelstein in ihre Hand gleiten. »Was für eine hübsche Glasscherbe!« rief die Kleine und lief vergnügt nach Haus.

Darauf kam der Vogel zum Prinzen zurück. »Nun bist du blind«, sagte er, »so will ich immer bei dir bleiben.«

»Nein, kleiner Vogel«, sagte der arme Prinz, »du mußt fort nach Ägypten.«

»Ich will immer bei dir sein«, sagte der Schwälberich und schlief zu Füßen des Prinzen ein.

Am nächsten Tage setzte er sich dem Prinzen auf die Schulter und erzählte ihm Geschichten von all dem, was er in fremden Ländern gesehen hatte. Er erzählte ihm von den roten Ibissen, die in langen Reihen an den Nilufern stehen und mit ihren Schnäbeln Goldfische fangen, von der Sphinx, die so alt ist wie die Welt und in der Wüste lebt und alles weiß, von den Kaufleuten, die langsam neben ihren Kamelen einhergehen und Rosenkränze aus Bernstein in den Händen tragen, vom König des Mondgebirges, der so schwarz ist wie Ebenholz und einen großen Kristall anbetet, von der großen grünen Schlange, die in einem Palmenbaum schläft und zwanzig Priester hat, die sie mit Honigkuchen füttern, und von den Pygmäen, die auf breiten, flachen Blättern über einen großen See segeln und mit den Schmetterlingen immer im Krieg liegen.

»Lieber kleiner Vogel«, sagte der Prinz, »du erzählst mir von wunderbaren Dingen, aber wunderbarer als alles ist das Leiden von Mann und Weib. Kein Mysterium ist größer als das Elend. Fliege über meine Stadt, kleiner Vogel, und dann erzähle mir, was du darin gesehen hast.«

Also flog der Schwälberich über die große Stadt und sah die Reichen froh und lustig in ihren schönen Häusern, während die Bettler an den Toren saßen. Er flog in dunkle Gassen hinab und sah die weißen Gesichter hungernder Kinder gleichgültig auf die schwarzen Straßen schauen. Unter einem Brückenbogen lagen zwei kleine Buben und hielten sich umschlungen, um sich aneinander zu wärmen. »Wir haben solchen Hunger!« sagten sie.

»Ihr dürft hier nicht liegen«, schrie sie der Wächter an, und so wanderten sie hinaus in den Regen.

Dann flog der Vogel zurück zum Prinzen und erzählte ihm, was er gesehen hatte.

»Ich bin ganz mit feinem Gold bedeckt«, sagte der Prinz, »du mußt es abnehmen, Blatt für Blatt, und meinen Armen geben; die Lebenden glauben immer, daß Gold sie glücklich machen kann.«

Blatt um Blatt des feinen Goldes pickte ihm der Vogel ab, bis der glückliche Prinz ganz grau und düster aussah. Blatt um Blatt des feinen Goldes brachte er zu den Armen, und die Gesichter der Kinder wurden rosiger, und sie lachten und spielten ihre Spiele in den Straßen. »Jetzt haben wir Brot!« riefen sie.

Da kam der Schnee, und nach dem Schnee kam der Frost. Die Straßen sahen aus, als wären sie aus Silber gemacht, so glänzend und glitzernd waren sie; lange Eiszapfen wie kristallene Dolche hingen von den Dachrinnen herunter; alles ging in dicken Pelzen aus, und die kleinen Jungen trugen dicke rote Mützen und liefen auf dem Eise. Dem armen kleinen Schwälberich wurde kälter und kälter; aber er wollte den Prinzen nicht verlassen, denn er liebte ihn zu sehr. Er pickte Krümel auf vor des Bäckers Tür, wenn der Bäcker gerade nicht hinsah und versuchte sich warm zu halten, indem er mit seinen Flügeln schlug.

Aber schließlich wußte er doch, daß er sterben müsse. Er hatte gerade noch so viel Kraft, noch einmal dem Prinzen auf die Schulter zu fliegen. »Leb wohl, guter Prinz!« sagte er ganz leise. »Darf ich deine Hand küssen?«

»Ich freue mich, daß du jetzt nach Ägypten gehst«, sagte der Prinz, »du bist schon zu lange hiergeblieben, kleiner Schwälberich; aber du mußt mich auf den Mund küssen, denn ich liebe dich.«

»Ich gehe nicht nach Ägypten«, sagte der Schwälberich, »ich gehe in das Haus des Todes. Der Tod ist der Bruder des Schlafes, nicht wahr?«

Und er küßte den glücklichen Prinzen auf den Mund und fiel tot nieder vor seine Füße.

Da tönte aus dem Innern des Standbildes ein eigentümliches Knacken, gleich als ob etwas zerbrochen wäre. Das bleierne Herz war mitten entzweigeborsten. Es war auch ein strenger, harter Frost.

Früh am Morgen des nächsten Tages ging der Bürgermeister mit den Stadträten über den Platz. Als sie an der Säule vorbeikamen, schaute er zu dem Standbild hinauf: »Herrgott! Wie schäbig der glückliche Prinz aussieht!« sagte er.

»Wirklich schäbig!« sagten die Stadträte, die immer der Ansicht des Bürgermeisters waren, und dann schauten sie das Standbild an.

»Der Rubin ist aus seinem Schwert gefallen, seine Augen sind fort, und vergoldet ist er auch nicht mehr«, sagte der Bürgermeister; »er sieht wahrhaftig nicht viel besser aus als ein Bettler.«

»Wenig besser als ein Bettler«, sagten die Räte.

»Und hier liegt wahrhaftig ein toter Vogel zu seinen Füßen!« sagte der Bürgermeister. »Wir müssen wirklich eine Bekanntmachung erlassen, daß es Vögeln nicht erlaubt ist, hier zu sterben.« Und der Stadtschreiber notierte diesen Vorschlag.

So wurde das Standbild des glücklichen Prinzen abgebrochen. »Da es nicht mehr schön ist, hat es auch keinen nützlichen Zweck mehr«, sagte der Kunstprofessor der Universität.

Hierauf wurde die Statue in einem Brennofen geschmolzen, und der Bürgermeister berief eine Versammlung, die entscheiden sollte, was mit dem Metall zu geschehen habe. »Wir müssen natürlich ein anderes Denkmal haben«, sagte er, »und das muß ein Denkmal von mir sein.«

»Von mir«, sagte jeder der Stadträte, und sie zankten sich. Als ich das letztemal von ihnen hörte, zankten sie sich noch immer.

»Wie sonderbar!« sagte der Werkführer in der Schmelzhütte. »Dieses gebrochene Bleiherz will nicht schmelzen. Wir müssen es wegwerfen, wie es ist.« So warf man es auf einen Kehrichthaufen, auf dem auch die tote Schwalbe lag.

»Bring mir die beiden kostbarsten Dinge der Stadt«, sagte Gott zu einem seiner Engel; und der Engel brachte ihm das bleierne Herz und den toten Vogel.

»Du hast recht gewählt«, sagte Gott, »denn in meinem Paradiesgarten wird dieser kleine Vogel für alle Zeiten singen, und in meiner goldenen Stadt wird der glückliche Prinz mich lobpreisen.«

Die Nachtigall und die Rose

»Sie sagte, sie würde mit mir tanzen, wenn ich ihr rote Rosen brächte«, rief der junge Student; »aber in meinem ganzen Garten ist keine rote Rose.« In ihrem Nest auf dem Eichbaum hörte ihn die Nachtigall, guckte durch das Laub und wunderte sich.

»Keine rote Rose in meinem ganzen Garten!« rief er, und seine schönen Augen waren voll Tränen. »Ach, an was für kleinen Dingen das Glück hängt. Alles habe ich gelesen, was weise Männer geschrieben haben, alle Geheimnisse der Philosophie sind mein, und wegen einer roten Rose ist mein Leben unglücklich und elend.«

Das ist endlich einmal ein treuer Liebhaber«, sagte die Nachtigall. »Nacht für Nacht habe ich von ihm gesungen, obgleich ich ihn nicht kannte; Nacht für Nacht habe ich seine Geschichte den Sternen erzählt, und nun seh' ich ihn. Sein Haar ist dunkel wie die Hyazinthe, und sein Mund ist rot wie die Rose seiner Sehnsucht; aber Leidenschaft hat sein Gesicht bleich wie Elfenbein gemacht, und der Kummer hat ihm sein Siegel auf die Stirn gedrückt.«

Der Prinz gibt morgen nacht einen Ball«, sprach der junge Student leise, »und meine Geliebte wird dasein. Wenn ich ihr eine rote Rose bringe, wird sie mit mir tanzen bis zum Morgen. Wenn ich ihr eine rote Rose bringe, wird sie ihren Kopf an meine Schulter lehnen, und ihre Hand wird in der meinen liegen. Aber in meinem Garten ist keine rote Rose, so werde ich einsam sitzen, und sie wird an mir vorübergehen. Sie wird meiner nicht achten, und mir wird das Herz brechen.«

»Das ist wirklich der treue Liebhaber«, sagte die Nachtigall. »Was ich singe, um das leidet er; was mir Freude ist, das ist ihm Schmerz. Wahrhaftig, die Liebe ist etwas Wundervolles! Kostbarer ist sie als Smaragde und teurer als feine Opale. Perlen und Granaten können sie nicht kaufen, und auf den Märkten wird sie nicht feilgeboten. Sie kann von den Kaufleuten nicht gehandelt werden und kann nicht für Gold ausgewogen werden auf der Waage.«

»Die Musikanten werden auf ihrer Galerie sitzen«, sagte der junge Student, »und auf ihren Saiteninstrumenten spielen, und meine Geliebte wird zum Klang der Harfe und der Geige tanzen. So leicht wird sie tanzen, daß ihre Füße den Boden kaum berühren, und die Höflinge in ihren bunten Gewändern werden sich um sie scharen. Aber mit mir wird sie nicht tanzen, denn ich habe keine rote Rose für sie«; und er warf sich ins Gras, barg sein Gesicht in den Händen und weinte.

»Weshalb weint er?« fragte ein kleiner grüner Eidechs, während er mit dem Schwänzchen in der Luft an ihm vorbeilief. »Ja warum?« fragte ein Schmetterling, der einem Sonnenstrahl nachjagte.

»Er weint um eine rote Rose«, sagte die Nachtigall.

»Um eine rote Rose?« riefen alle. »Wie lächerlich!« Und der kleine Eidechs, der so etwas wie ein Zyniker war, lachte überlaut.

Aber die Nachtigall wußte um des Studenten Kummer und saß schweigend in dem Eichbaum und sann über das Geheimnis der Liebe. Plötzlich breitete sie ihre braunen Flügel aus und flog auf. Wie ein Schatten huschte sie durch das Gehölz, und wie ein Schatten flog sie über den Garten.

Da stand mitten auf dem Rasen ein wundervoller Rosenstock, und als sie ihn sah, flog sie auf ihn zu und setzte sich auf einen Zweig.

»Gib mir eine rote Rose«, rief sie, »und ich will dir dafür mein süßestes Lied singen.«

Aber der Strauch schüttelte seinen Kopf. »Meine Rosen sind weiß«, antwortete er, »so weiß wie der Schaum des Meeres und weißer als der Schnee auf den Bergen. Aber geh zu meinem Bruder, der sich um die alte Sonnenuhr rankt, der gibt dir vielleicht, was du verlangst.«

So flog die Nachtigall hinüber zu dem Rosenstrauch bei der alten Sonnenuhr.

»Gib mir eine rote Rose«, rief sie, »und ich will dir dafür mein süßestes Lied singen.«

Aber der Strauch schüttelte seinen Kopf.

»Meine Rosen sind gelb«, antwortete er, »so gelb wie das Haar der Meerjungfrau, die auf einem Bernsteinthrone sitzt, und gelber als die gelbe Narzisse, die auf der Wiese blüht, bevor der Mäher mit seiner Sense kommt. Aber geh zu meinem Bruder, der unter des Studenten Fenster blüht, und vielleicht gibt der dir, was du verlangst.«

So flog die Nachtigall zum Rosenstrauch unter des Studenten Fenster. »Gib mir eine rote Rose«, rief sie, »und ich will dir dafür mein süßestes Lied singen.«

Aber der Rosenstrauch schüttelte den Kopf. »Meine Rosen sind rot«, antwortete er, »so rot wie die Füße der Taube und röter als die Korallenfächer, die in der Meergrotte fächeln. Aber der Winter machte meine Adern erstarren, der Frost hat meine Knospen zerbissen und der Sturm meine Zweige gebrochen, und so habe ich keine Rosen dies ganze Jahr.«

»Nur eine einzige rote Rose brauche ich«, rief die Nachtigall, »nur eine rote Rose! Gibt es denn nichts, daß ich eine rote Rose bekomme?«

»Ein Mittel gibt es«, antwortete der Strauch, »aber es ist so schrecklich, daß ich mir es dir nicht zu sagen traue.«

»Sag es mir«, sprach die Nachtigall, »ich fürchte mich nicht.«

»Wenn du eine rote Rose haben willst«, sagte der Strauch, »dann mußt du sie beim Mondlicht aus Liedern machen und sie färben mit deinem eignen Herzblut. Du mußt für mich singen und deine Brust an einen Dorn pressen. Die ganze Nacht mußt du singen, und der Dorn muß dein Herz durchbohren, und dein Lebensblut muß in meine Adern fließen und mein werden.«

»Der Tod ist ein hoher Preis für eine rote Rose«, sagte die Nachtigall, »und das Leben ist allen sehr teuer. Es ist lustig, im grünen Wald zu sitzen und die Sonne in ihrem goldenen Wagen zu sehen und den Mond in seinem Perlenwagen. Süß ist der Duft des Weißdorns, und süß sind die Glockenblumen im Tale und das Heidekraut auf den Hügeln. Aber die Liebe ist besser als das Leben, und was ist ein Vogelherz gegen ein Menschenherz?«

So breitete sie ihre braunen Flügel und flog auf. Wie ein Schatten schwebte sie über den Garten, und wie ein Schatten huschte sie durch das Gehölz.

Da lag noch der junge Student im Grase, wie sie ihn verlassen hatte und die Tränen seiner schönen Augen waren noch nicht getrocknet.

»Freu dich«, rief die Nachtigall, »freu dich; du sollst deine rote Rose haben. Ich will sie beim Mondlicht bilden aus Liedern und färben mit meinem eignen Herzblut. Alles, was ich von dir dafür verlange, ist, daß du deiner Liebe treu bleiben sollst; denn die Liebe ist weiser als die Philosophie, wenn die auch weise ist, und mächtiger als Macht, wenn die auch mächtig ist. Flammfarben sind ihre Flügel, und flammfarben ist ihr Leib. Ihre Lippen sind süß wie Honig, und ihr Atem ist wie Weihrauch.«

Der Student blickte aus dem Grase auf und horchte; aber er konnte nicht verstehen, was die Nachtigall zu ihm sprach, denn er verstand nur die Bücher.

Aber der Eichbaum verstand und ward traurig, denn er liebte die kleine Nachtigall sehr, die ihr Nest in seinen Zweigen gebaut hatte.

»Sing mir noch ein letztes Lied«, flüsterte er; »ich werd' mich sehr einsam fühlen, wenn du fort bist.« Und die Nachtigall sang für den Eichbaum, und ihre Stimme war wie Wasser, das aus einem silbernen Kruge rinnt.

Als sie ihr Lied geendet hatte, stand der Student auf und nahm ein Notizbuch und einen Bleistift aus der Tasche.

»Sie hat Form«, sagte er zu sich, als er aus dem Gehölz schritt, »– sie hat ein Formtalent, das kann ihr nicht abgesprochen werden; aber ob sie auch Gefühl hat? Ich fürchte, nein. Sie wird wohl sein wie die meisten Künstler: alles nur Stil und keine echte Innerlichkeit. Sie würde sich kaum für andere opfern. Sie denkt vor allem an die Musik, und man weiß ja, wie egoistisch die Künste sind. Aber zugeben muß man, sie hat einige schöne Töne in ihrer Stimme. Schade, daß sie gar keinen Sinn haben, nichts ausdrücken und ohne praktischen Wert sind.« Und er ging auf sein Zimmer und legte sich auf sein schmales Feldbett und fing an, an seine Liebe zu denken; bald war er eingeschlafen.

Und als der Mond in den Himmeln schien, flog die Nachtigall zu dem Rosenstrauch und preßte ihre Brust gegen den Dorn. Die ganze Nacht sang sie, die Brust gegen den Dorn gepreßt, und der kalte kristallene Mond neigte sich herab und lauschte. Die ganze Nacht sang sie, und der Dorn drang tiefer und tiefer in ihre Brust, und ihr Lebensblut sickerte weg von ihr.

Zuerst sang sie von dem Werden der Liebe in dem Herzen eines Knaben und eines Mädchens. Und an der Spitze des Rosenstrauchs erblühte eine herrliche Rose, Blatt reihte sich an Blatt wie Lied auf Lied. Erst war sie bleich wie der Nebel, der über dem Fluß hängt, bleich wie die Füße des Morgens und silbern wie die Flügel des Dämmers. Wie das Schattenbild einer Rose in einem Silberspiegel, wie das Schattenbild einer Rose im Teiche, so war die Rose, die aufblühte an der Spitze des Rosenstocks.

Der aber rief der Nachtigall zu, daß sie sich fester noch gegen den Dorn presse. »Drück fester, kleine Nachtigall«, rief er, »sonst bricht der Tag an, bevor die Rose vollendet ist.«

Und so drückte die Nachtigall sich fester gegen den Dorn, und lauter und lauter wurde ihr Lied, denn sie sang nun von dem Erwachen der Leidenschaft in der Seele von Mann und Weib.

Und ein zartes Rot kam auf die Blätter der Rose, wie das Erröten auf das Antlitz des Bräutigams, wenn er die Lippen seiner Braut küßt. Aber der Dorn hatte ihr Herz noch nicht getroffen, und so blieb das Herz der Rose weiß, denn bloß einer Nachtigall Herzblut kann das Herz einer Rose färben. Und der Strauch rief der Nachtigall zu, daß sie sich fester noch gegen den Dorn drücke. »Drück fester, kleine Nachtigall«, rief er, »sonst ist es Tag, bevor die Rose vollendet ist.«

Und so drückte die Nachtigall sich fester gegen den Dorn, und der Dorn berührte ihr Herz, und ein heftiger Schmerz durchzuckte sie. Bitter, bitter war der Schmerz, und wilder, wilder wurde das Lied, denn sie sang nun von der Liebe, die der Tod verklärt, von der Liebe, die auch im Grabe nicht stirbt. Und die wundervolle Rose färbte sich rot wie die Rose des östlichen Himmels. Rot war der Gürtel ihrer Blätter, und rot wie ein Rubin war ihr Herz. Aber die Stimme der Nachtigall wurde schwächer, und ihre kleinen Flügel begannen zu flattern, und ein leichter Schleier kam über ihre Augen. Schwächer und schwächer wurde ihr Lied, und sie fühlte etwas in der Kehle.

Dann schluchzte sie noch einmal auf in letzten Tönen. Der weiße Mond hörte es, und er vergaß unterzugehen und verweilte am Himmel. Die rote Rose hörte es und zitterte ganz vor Wonne und öffnete ihre Blätter dem kühlen Morgenwind. Das Echo trug es in seine Purpurhöhle in den Bergen und weckte die schlafenden Schäfer aus ihren Träumen. Es schwebte über das Schilf am Fluß, und der trug die Botschaft dem Meere zu. »Sieh, sieh«, rief der Rosenstrauch, »nun ist die Rose fertig«; aber die Nachtigall gab keine Antwort, denn sie lag tot im hohen Gras, mit dem Dorn im Herzen.

Um Mittag öffnete der Student sein Fenster und blickte hinaus. »Was für ein Wunder und Glück«, rief er; »da ist einerote Rose! Nie in meinem Leben habe ich eine solche Rose gesehen.

Sie ist so schön, ich bin sicher, sie hat einen langen lateinischen Namen«; und er lehnte sich hinaus und pflückte sie. Dann setzte er seinen Hut auf und lief dem Professor ins Haus, mit der Rose in der Hand.

Des Professors Tochter saß in der Einfahrt und wand blaue Seide auf eine Spule, und ihr Hündchen lag ihr zu Füßen.

»Ihr sagtet, Ihr würdet mit mir tanzen, wenn ich Euch eine rote Rose brächte«, sagte der Student. »Hier ist die röteste Rose der Welt. Tragt sie heut abend an Eurem Herzen, und wenn wir zusammen tanzen, wird sie Euch erzählen, wie ich Euch liebe.«

Aber das Mädchen verzog den Mund. »Ich fürchte, sie paßt nicht zu meinem Kleid«, sprach sie; »und dann hat mir auch der Neffe des Kammerherrn echte Juwelen geschickt, und das weiß doch jeder, daß Juwelen mehr wert sind als Blumen.«

»Wahrhaftig, Ihr seid sehr undankbar«, rief der Student gereizt; und er warf die Rose auf die Straße, wo sie in die Gosse fiel, und ein Wagenrad ging darüber. »Undankbar?« sagte das Mädchen. »Ich will Euch was sagen: Ihr seid sehr ungezogen – und dann: wer seid Ihr eigentlich? Ein Student, nichts weiter. Ich glaube, Ihr habt nicht einmal Silberschnallen an den Schuhen, wie des Kammerherrn Neffe.« Und sie stand auf und ging ins Haus.

»Wie dumm ist doch die Liebe«, sagte sich der Student, als er fortging; »sie ist nicht halb so nützlich wie die Logik, denn sie beweist gar nichts und spricht einem immer von Dingen, die nicht geschehen werden, und läßt einen Dinge glauben, die nicht wahr sind. Sie ist wirklich etwas ganz Unpraktisches, und da in unserer Zeit das Praktische alles ist, so gehe ich wieder zur Philosophie und studiere Metaphysik.« So ging er wieder auf sein Zimmer und holte ein großes staubiges Buch hervor und begann zu lesen.

Der eigensüchtige Riese

An jedem Nachmittag, wenn die Kinder aus der Schule kamen, gingen sie in den Garten des Riesen und spielten da.

Es war ein großer hübscher Garten mit weichem grünem Gras. Hier und da auf dem Rasen standen schöne Blumen wie Sterne, und da waren auch zwölf Pfirsichbäume, die im Frühling zartrosa und perlweiß blühten und im Herbst reiche Frucht trugen. Die Vögel saßen auf den Bäumen und sangen so süß, daß die Kinder immer wieder in ihren Spielen innehielten, um zu lauschen. »Wie glücklich wir hier doch sind!« riefen sie einander zu.

Eines Tages kam der Riese nach Haus. Er war auf Besuch bei seinem Freund, dem gehörnten Menschenfresser, gewesen und sieben Jahre bei ihm geblieben. Als die sieben Jahre um waren, war alles gesagt, was er ihm zu sagen hatte, denn seine Gesprächsstoffe waren sehr beschränkt, und so beschloß er, auf sein eigenes Schloß zurückzukehren. Als er nach Hause kam, sah er die Kinder in seinem Garten spielen.

»Was tut ihr hier?« rief er sehr mürrisch, und die Kinder liefen weg. »Mein Garten, das ist mein Garten«, sagte der Riese, »das sieht jeder ein, und ich erlaube niemandem sonst, darin zu spielen, als mir selber.« Also baute er eine mächtige Mauer ringsum und stellte eine Warnungstafel auf:

Er war ein sehr eigensüchtiger Riese.

Die armen Kinder hatten jetzt nichts mehr, wo sie spielen konnten. Sie versuchten's auf der Landstraße, aber die Landstraße war sehr staubig und steinig, und sie mochten sie nicht leiden. So gingen sie also, wenn die Schule aus war, um die große Mauer herum und sprachen von dem schönen Garten dahinter.

»Wie glücklich waren wir da!« sagten sie zueinander.

Dann kam der Frühling, und über der ganzen Gegend waren kleine Blüten und kleine Vögel. Bloß in dem Garten des eigensüchtigen Riesen blieb es Winter. Die Vögel machten sich nichts daraus, darin zu singen, weil keine Kinder da waren, und die Bäume vergaßen zu blühen. Einmal steckte eine schöne Blume ihr Köpfchen aus dem Gras hervor, aber als sie die Warnungstafel sah, war sie so betrübt um die Kinder, daß sie wieder in den Boden hineinschlüpfte und weiterschlief. Die einzigen Leute, die sich freuten, waren der Schnee und der Frost. »Der Frühling hat diesen Garten vergessen«, riefen sie, »so wollen wir hier das ganze Jahr hindurch leben.« Der Schnee bedeckte das Gras mit seinem großen weißen Mantel, und der Frost bemalte alle Bäume silberweiß. Dann luden sie den Nordwind ein, bei ihnen zu wohnen, und er kam. Er war in Pelze ganz eingehüllt und brüllte den ganzen Tag durch den Garten und blies die Schornsteine herunter. »Das ist ein ganz herrlicher Platz«, sagte er, »wir müssen den Hagel auf eine Visite bitten.« Und so kam der Hagel. Jeden Tag prasselte er drei

Stunden lang auf das Schloßdach herunter, bis er fast alle Schieferplatten zerschlagen hatte, und dann lief er rund um den Garten, so schnell er nur konnte. Er war ganz grau angezogen, und sein Atem war wie Eis.

»Ich versteh' nicht, warum der Frühling so spät kommt«, sagte der eigensüchtige Riese, als er am Fenster saß und auf seinen kalten weißen Garten hinuntersah. »Ich hoffe, das Wetter ändert sich bald.« Aber der Frühling kam nie, und auch nicht der Sommer. Der Herbst gab jedem Garten goldene Früchte, aber dem Garten des Riesen gab er keine. »Er ist zu eigensüchtig«, sagte der Herbst. So war es da immer Winter, und der Nordwind und der Hagel und der Frost und der Schnee tanzten um die Bäume.

Eines Morgens lag der Riese wach im Bette, als er eine liebliche Musik vernahm. Es klang so süß an seine Ohren, daß er dachte, die Musikanten des Königs zögen vorüber. Aber es war bloß ein kleiner Hänfling, der vor seinem Fenster sang; doch hatte er so lange keinen Vogel mehr in seinem Garten singen hören, daß es ihm wie die schönste Musik der Welt vorkam. Da hörte der Hagel auf, über seinem Kopf zu tanzen, und der Nordwind zu blasen, und ein köstlicher Duft kam zu ihm durch den geöffneten Fensterflügel. »Ich glaube, der Frühling ist endlich gekommen«, sagte der Riese; und er sprang aus dem Bett und schaute hinaus. Und was sah er?

Er sah was ganz Wunderbares. Durch ein kleines Loch in der Mauer waren die Kinder hereingekrochen und saßen in den Zweigen der Bäume. In jedem Baum, den er sehen konnte, saß ein kleines Kind. Und die Bäume waren so froh, die Kinder wieder bei sich zu haben, daß sie sich ganz mit Blüten bedeckt hatten und ihre Arme anmutig über den Köpfen der Kinder bewegten. Die Vögel flogen umher und zwitscherten vor Entzücken, und die Blumen guckten aus dem grünen Gras hervor und lachten. Es war entzückend anzusehen, und nur in einem Winkel war es noch Winter, und dort stand ein kleiner Junge. Er war so klein, daß er nicht an die Äste hinaufreichen konnte, und er lief immer um den Baum herum und weinte bitterlich. Der arme Baum war noch ganz bedeckt mit Frost und Schnee, und der Nordwind blies und heulte über ihm. »Klettre herauf, kleiner Junge«, sagte der Baum und senkte seine Äste, so tief er konnte, aber der Junge war zu klein.

Da wurde des Riesen Herz weich, als er das sah. »Wie eigensüchtig ich doch war!« sagte er. »Jetzt weiß ich, weshalb der Frühling nicht hierherkommen wollte. Ich will dem armen kleinen Jungen auf den Baumwipfel helfen, und dann will ich die Mauer umwerfen, und mein Garten soll für alle Zeit der Spielplatz der Kinder sein.« Er war wirklich sehr betrübt über das, was er getan hatte.

So schlich er hinunter und öffnete ganz leise das Tor und trat in den Garten. Aber als die Kinder ihn sahen, erschraken sie so, daß sie alle wegliefen, und im Garten wurde es wieder Winter. Bloß der kleine Junge lief nicht weg, denn seine Augen waren so voll Tränen, daß er den Riesen nicht kommen sah. Und der Riese kam leise hinter ihm heran, nahm ihn zärtlich auf seine Hand und setzte ihn hinauf in den Baum. Und sogleich fing der Baum zu blühen an, und die Vögel kamen und sangen in ihm, und der kleine Junge breitete seine Ärmchen aus, schlang sie um den Hals des Riesen und küßte ihn auf den Mund. Und wie die andern Kinder sahen, daß der Riese nicht mehr böse war, kamen sie schnell zurückgelaufen, und mit ihnen kam auch der Frühling. »Der Garten gehört jetzt euch, Kinderlein«, sagte der Riese, und er nahm eine große Axt und hieb die Mauer um. Und als die Leute um zwölf Uhr zu Markt gingen, sahen sie den Riesen mit den Kindern spielen, in dem schönsten Garten, den sie je geschaut hatten.

Den ganzen Tag spielten sie, und am Abend kamen sie zum Riesen und sagten ihm eine gute Nacht.

»Aber wo ist denn euer kleiner Kamerad«, fragte er, »der Junge, dem ich auf den Baum geholfen habe?« Der Riese liebte ihn am meisten, weil der ihn geküßt hatte.

»Wir wissen's nicht«, antworteten die Kinder, »er ist fortgegangen.«

»Ihr müßt ihm sagen, er soll sicher morgen wiederkommen«, sagte der Riese. Aber die Kinder antworteten, sie wüßten nicht, wo er wohne, und sie hätten ihn zuvor nie gesehen; da wurde der Riese sehr traurig.

Jeden Nachmittag nach Schluß der Schule kamen die Kinder und spielten mit dem Riesen. Aber der kleine Knabe, den der Riese so liebte, ließ sich nie mehr sehen. Der Riese war sehr gut mit den Kindern, aber er sehnte sich nach seinem kleinen Freunde und sprach oft von ihm. »Wie gern möcht' ich ihn wiedersehn!« sagte er immer und immer.

Jahre vergingen, und der Riese wurde sehr alt und schwach. Er konnte nicht mehr unten mit den Kindern spielen, und so saß er in seinem mächtigen Armstuhl und sah ihnen zu und freute sich an seinem Garten. »Ich habe viele schöne Blumen«, sagte er; »aber die allerschönsten Blumen von allen sind die Kinder.«

An einem Wintermorgen sah er beim Ankleiden aus seinem Fenster. Jetzt haßte er den Winter nicht mehr, denn er wußte, daß der Frühling nur schlief und die Blumen sich ausruhten.

Plötzlich rieb er sich verwundert die Augen und sah und sah. Es war wirklich ein wundersamer Anblick. Im fernsten Winkel des Gartens war ein Baum ganz bedeckt mit lieblichen weißen Blüten. Seine Äste waren lauter Gold, und silberne Früchte hingen an ihnen, und darunter stand der kleine Knabe, den er so geliebt hatte.

Hocherfreut eilte der Riese die Treppe hinunter und in den Garten. Er lief über den Rasen auf das Kind zu. Und als er ihm ganz nahe gekommen war, wurde sein Gesicht rot vor Zorn, und er sagte: »Wer hat es gewagt, dich zu verwunden?« Denn an den Handflächen des Kindes waren Male von zwei Nägeln, und Male von zwei Nägeln waren an den kleinen Füßen.

»Wer hat es gewagt, dich zu verwunden?« rief der Riese. »Sag es mir, damit ich mein großes Schwert nehme und ihn erschlage.«

»Ach nein«, antwortete das Kind; »dies sind die Wunden der Liebe.«

»Wer bist du?« sagte der Riese, und eine seltsame Scheu überkam ihn, und er kniete nieder vor dem kleinen Kinde.

Und das Kind lächelte den Riesen an und sprach zu ihm: »Du ließest mich einst in deinem Garten spielen, heute sollst du mit mir kommen in meinen Garten, in das Paradies.«

Und als die Kinder an diesem Nachmittag hereinstürmten, da fanden sie den Riesen tot unter dem Baume liegen und ganz bedeckt mit weißen Blüten.

Der ergebene Freund

Eines Morgens steckte der alte Wasserratz den Kopf aus seinem Loch heraus. Er hatte kleine, runde, glänzende Augen und einen steifen, grauen Schnurrbart, und sein Schwanz war ein langes Stück schwarzer Kautschuk.

Die kleinen Enten schwammen auf dem Weiher herum und sahen genau aus wie eine Schar gelber Kanarienvögel; ihre Mutter, die schön weiß war und wirklich rote Beine hatte, versuchte ihnen das Kopfstehen im Wasser beizubringen.

»Ihr werdet nie in der besten Gesellschaft verkehren, wenn ihr nicht auf dem Kopf stehen könnt«, wiederholte sie ihnen immer wieder und zeigte ihnen immer wieder, wie sie es machen sollten. Aber die kleinen Enten schenkten ihr gar keine Aufmerksamkeit. Sie waren so jung, daß sie gar nicht wußten, von welchem Vorteil es ist, in der besten Gesellschaft zu verkehren.

»Was für unfolgsame Kinder!« rief der alte Wasserratz. »Sie verdienten wahrhaftig, daß man sie ersöffe.«

»Durchaus nicht«, sagte die Entenmama, »aller Anfang ist schwer, und Eltern können nie zu geduldig sein.«

»Ah was«, sagte der Wasserratz, »ich kenne keine elterlichen Gefühle und bin kein Familienmensch. Ich war niemals verheiratet und denke auch gar nicht dran. Die Liebe, das mag ja in seiner Art ganz schön sein, aber die Freundschaft steht doch viel höher. Ich wüßte wahrhaftig nichts Edleres oder Seltneres in der Welt als eine treue Freundschaft.«

»Und was, ich bitte Sie, ist denn Ihre Idee von einer treuen Freundschaft?« fragte ein Grünspecht, der nahebei in seiner Weide saß und die Unterhaltung gehört hatte.

»Das möchte ich auch wissen«, sagte die Ente, schwamm an das andere Ende des Weihers und stand da kopf, um ihren Kindern ein gutes Beispiel zu geben.

»Dumme Frage!« rief der Wasserratz. »Ein treuer Freund, der muß mir eben einfach treu sein.«

»Und was würden Sie ihm dafür bieten?« sagte der kleine Vogel, indem er sich auf ein silbriges Ästchen schwang und mit den Flügeln wippte.

»Ich versteh' Sie nicht«, antwortete der Wasserratz.

»Ich will Ihnen eine Geschichte darüber erzählen«, sagte der Grünspecht.

»Handelt die Geschichte von mir?« fragte der Wasserratz. »Wenn sie von mir handelt, will ich zuhören, denn ich liebe Romane sehr.«

»Sie läßt sich auf Sie anwenden«, sagte der Grünspecht; und er flog herunter, ließ sich am Ufer nieder und erzählte die »Geschichte vom ergebenen Freund«.

»Es war einmal ein braver kleiner Kerl namens Hans.«

»War was Besonderes an ihm?« fragte der Wasserratz.

»Nein«, sagte der Grünspecht, »ich glaube nicht, daß irgendwas Besonderes an ihm war außer sein gutes Herz und sein lustiges rundes Gesicht. Er lebte ganz allein in einem kleinen Häuschen und arbeitete jeden Tag in seinem Garten. In der ganzen Gegend war kein Garten so schön wie der seine. Büschelnelken wuchsen da und Levkojen und Täschelkraut und Hahnenfuß. Da gab es gelbe und Damaszener Rosen, Krokus und purpurne und weiße Veilchen. Kalumbinen und Schaumkraut, Majoran und Basilien, Primeln und Lilien, Narzissen und Gewürznelken blühten und dufteten, wie die Monate kamen und eine Blume der andern Platz nahm, so daß es immer was Schönes zu sehen und was Angenehmes zu riechen gab.

Der kleine Hans hatte eine große Menge Freunde; aber der treueste von allen war der große Müller-Hugo. Ja, so ergeben war der reiche Müller dem kleinen Hans, daß er nie an dessen Garten vorüberging, ohne sich über den Zaun zu lehnen und sich einen großen Strauß oder eine Handvoll süßer Kräuter zu pflücken oder sich die Taschen mit Pflaumen oder Kirschen zu füllen, wenn Obstzeit war.

›Wahre Freunde sollen alles gemeinsam haben‹, pflegte der Müller zu sagen, und Klein Hans nickte dazu und lächelte und war sehr stolz darauf, einen Freund mit so vornehmen Gedanken zu haben. Manchmal meinten die Nachbarn wohl, es sei seltsam, daß der reiche Müller dem kleinen Hans nicht auch einmal was schenke, obwohl er doch in seiner Mühle hundert Säcke Mehl aufgestapelt hätte und sechs Milchkühe im Stall und eine große Schafherde. Aber Hans zerbrach sich nie seinen Kopf über all das, und nichts machte ihm mehr Freude, als den wundervollen Ansprüchen zu lauschen, die der Müller über die Selbstlosigkeit der wahren Freundschaft tat.

So arbeitete der kleine Hans immerzu in seinem Garten. Im Frühling, im Sommer und im Herbst war er sehr glücklich, aber wenn der Winter kam und er weder Früchte noch Blumen auf den Markt zu bringen hatte, da litt er recht unter Kälte und Hunger, und er mußte oftmals zu Bett, ohne was anderes gegessen zu haben als ein paar getrocknete Birnen oder einige harte Nüsse. Im Winter war er auch sehr einsam, denn nie kam da der Müller zu ihm.

›Es hat gar keinen Sinn, daß ich den kleinen Hans besuche, solange der Schnee liegt‹, pflegte der Müller zu seiner Frau zu sagen; ›wenn Menschen Sorgen haben, muß man sie mit sich allein lassen und nicht mit Besuchen belästigen. Das ist wenigstens meine Ansicht von Freundschaft, und ich weiß, sie ist die rechte. Daher will ich lieber warten, bis es Frühling ist, und ihn dann aufsuchen. Dann kann er mir auch einen Korb voll Primeln schenken, und das wird ihn ganz glücklich machen.‹

›Du sorgst dich wirklich sehr um andere‹, sprach die Müllerin, während sie in ihrem bequemen Armstuhl am hellen Kaminfeuer saß; ›wirklich, du sorgst dich sehr viel. Es ist ein Genuß, dich über Freundschaft reden zu hören. Ich bin fest überzeugt, daß nicht einmal der

Pfarrer so schöne Dinge darüber sagen kann wie du, obgleich er doch in einem dreistöckigen Haus wohnt und einen goldenen Ring am kleinen Finger trägt.‹

›Aber könnten wir nicht den kleinen Hans einmal zu uns heraufbitten?‹ fragte des Müllers Jüngster. ›Wenn der arme Hans in Not ist, will ich ihm die Hälfte von meiner Bohnensuppe geben und ihm meine weißen Kaninchen zeigen.‹

›Was für ein dummer Bub du bist!‹ rief der Müller. ›Ich weiß wahrhaftig nicht, wozu ich dich in die Schule schicke. Du scheinst da gar nichts zu lernen. Siehst du nicht ein, daß der kleine Hans, wenn er da zu uns käme, unser warmes Feuer, unser Essen und den Krug mit Rotwein sähe, daß er dann leicht neidisch werden könnte? Und der Neid ist etwas sehr Böses und verdirbt den Charakter. Ich werde es nie erlauben, daß Hansens Charakter verdorben werde. Ich bin sein bester Freund und werde immer über ihn wachen und darauf sehen, daß er in keinerlei Versuchung geführt wird. Außerdem würde mich Hans, wenn er herkäme, vielleicht um einen Sack Mehl auf Borg bitten, und das könnte ich nicht tun. Mehl ist ein Ding und Freundschaft ein anderes, und man soll die beiden nicht durcheinanderbringen. Die Worte werden ganz verschieden buchstabiert und bedeuten auch was ganz Verschiedenes. Das sieht jeder ein.‹

›Wie schön du sprichst‹, sagte die Müllerin und schenkte sich ein großes Glas voll Warmbier ein; ›ich bin schon ganz schläfrig, es ist genau so, als wäre man in der Kirche.‹

›Leute, die gut handeln, gibt's eine Menge‹, antwortete der Müller, ›aber nur ganz wenige sprechen gut, woraus erhellt, daß Sprechen von den beiden Dingen das weit schwierigere ist und auch das weit Feinere.‹ Und dabei sah er streng über den Tisch auf seinen kleinen Sohn, der beschämt den Kopf hängenließ, purpurrot wurde und in seinen Tee hinein zu weinen anhub. Aber er war ja noch so klein, und so darf man ihm das nicht übelnehmen.«

»Ist die Geschichte aus?« fragte der Wasserratz.

»Keine Spur«, antwortete der Grünspecht, »das ist der Anfang.«

»Dann sind Sie sehr veraltet«, sagte der Wasserratz. »Jeder gute Romanschreiber fängt heutzutage mit dem Ende an, läßt dann den Anfang folgen und schließt mit der Mitte. Das ist die moderne Methode. Ich hörte alles darüber ganz genau neulich einmal von einem Kritiker, der mit einem jungen Mann um den Teich herum spazierte. Er sprach sehr ausführlich über den Gegenstand, und ich bin fest überzeugt, daß er in allem recht hatte, denn er hatte eine blaue Brille und eine Glatze und sooft der junge Mann eine Bemerkung machte, antwortete er immer nur ›Bah!‹. Aber erzählen Sie bitte weiter. Ich liebe den Müller ungeheuer. Ich habe selbst alle möglichen schönen Gefühle, so daß eine starke Übereinstimmung zwischen uns besteht.«

»Also«, fuhr der Grünspecht fort und hüpfte ein paarmal von einem Bein aufs andere, »wie nun der Winter vorüber war und die Primeln ihre blassen gelben Sterne auftaten, da sagte der Müller zu seinem Weibe, daß er mal hinuntergehen und nach dem kleinen Hans sehen wolle.

›Was für ein gutes Herz du hast‹, rief die Frau, ›du denkst doch immer an die andern. Und vergiß nicht, den großen Korb mitzunehmen für die Blumen.‹

Also band der Müller die Flügel der Windmühle mit einer starken eisernen Kette fest und ging den Hügel hinunter mit dem Korb am Arm.

›Guten Morgen, kleiner Hans‹, sagte der Müller.

›Guten Morgen‹, sprach Hans, auf seinen Spaten gelehnt, und lachte über das ganze Gesicht.

›Und wie ging's den Winter durch?‹ fragte der Müller.

›Ach‹, rief Hans, ›das ist wirklich zu gütig von dir, mich danach zu fragen, zu gütig. Die Wahrheit zu sagen, hab' ich es ja ziemlich schwer gehabt; aber jetzt ist der Frühling gekommen, und ich bin ganz glücklich: alle meine Blumen gedeihen.‹

›Wie oft haben wir von dir gesprochen, Hans‹, sagte der Müller, ›und hätten gern gewußt, wie es dir ging.‹

›Das war lieb von euch‹, sagte Hans, ›ich fürchtete schon halb, ihr hättet mich vergessen.‹

›Was sagst du da, Hans?‹ sprach der Müller. ›Freundschaft vergißt niemals. Das ist gerade das Schöne an ihr; aber ich fürchte, du hast kein Verständnis für die Poesie des Lebens. Deine Primeln sehen übrigens entzückend aus!‹

›Ja, sie sind wirklich hübsch‹, sagte Hans, ›und es ist ein Riesenglück für mich, daß ich so viele habe. Ich will sie nämlich auf den Markt bringen und der Bürgermeisterstochter verkaufen und mit dem Geld meinen Karren einlösen.‹

›Deinen Karren einlösen? Du hast ihn doch nicht etwa verkauft? Da wärest du doch wirklich zu dumm!‹

›Ja, weißt du‹, sagte Hans, ›ich war gezwungen dazu. Es ist mir im Winter so schlecht ergangen, daß ich tatsächlich keinen Pfennig für Brot hatte. So verkaufte ich also erst die Silberknöpfe von meinem Sonntagsrock und dann meine silberne Kette und dann meine lange Pfeife und schließlich meinen Karren. Aber jetzt kann ich mir das alles wieder zurückkaufen.‹

›Hans‹, sagte der Müller, ›ich will dir meinen Karren geben. Er ist zwar nicht mehr in sehr gutem Zustand, es fehlt ihm die eine Seite ganz, und dann ist auch an den Radspeichen etwas nicht in Ordnung, aber ich will ihn dir trotzdem geben. Ich weiß, es ist das sehr großmütig von mir, und eine Menge Leute werden mich für ganz verrückt halten, daß ich ihn verschenke, aber ich bin nicht wie die andern. Meiner Ansicht nach ist die Großmut die Quintessenz der Freundschaft, und außerdem hab' ich mir einen neuen Karren gekauft. Also beruhige dich über die Sache und sei vergnügt – ich schenke dir meinen Karren.‹

›Das ist wirklich großmütig von dir‹, sagte Klein Hans, und sein drolliges rundes Gesicht strahlte vor Freude. ›Ich kann ihn ja leicht wieder in Ordnung bringen, denn ich habe eine große Holzplanke im Haus.‹

›Eine Holzplanke?‹ sagte der Müller. ›Denk mal, die brauche ich gerade für mein Scheunendach. Das hat ein großes Loch, und das Getreide wird mir ganz naß, wenn ich es nicht zumache. Wie gut, daß du davon sprachst! Es ist doch seltsam, wie eine gute Tat immer eine andere zur Folge hat. Ich gebe dir meinen Karren, und nun gibst du mir deine Holzplanke. Natürlich ist der Karren mehr wert als die Planke, aber wahre Freundschaft beachtet so was nicht. Bitte, hol mir doch das Brett gleich, denn ich will gleich heute noch die Arbeit an der Scheune machen lassen.‹

›Natürlich‹, rief der kleine Hans, und er rannte in den Schuppen und schleppte das Brett heraus.

›Es ist ja kein sehr großes Brett‹, sagte der Müller, indem er es beschaute, ›und ich fürchte, es wird dir zur Reparatur des Karrens nicht viel übrigbleiben, wenn mein Scheunendach damit geflickt ist, aber das ist natürlich nicht meine Schuld. Und da ich dir nun meinen Karren geschenkt habe, wirst du mir auch sicher gern ein paar Blumen dafür geben wollen. Hier ist der Korb, und mach ihn recht voll.‹

›Ganz voll?‹ sagte der kleine Hans ein wenig bekümmert, denn es war wirklich ein sehr großer Korb, und er wußte, daß ihm keine Blumen mehr für den Markt bleiben würden, wenn er ihn ganz füllte, und er wollte doch so gern seine Silberknöpfe wiederhaben.

›Es ist doch wahrhaftig nicht zuviel‹, antwortete der Müller ›daß ich dich um ein paar Blumen angehe, wo ich dir doch meinen Karren geschenkt habe. Vielleicht hab' ich unrecht, aber ich denke, daß wahre Freundschaft frei von jedem Eigennutz ist.‹

›Aber mein lieber Freund, mein bester Freund‹, rief Klein Hans, ›alle Blumen meines Gartens stehen dir zur Verfügung. Mir ist an deiner guten Meinung viel mehr gelegen als an meinen Silberknöpfen, das weißt du doch‹, und er lief und pflückte alle seine schönen Primeln und füllte des Müllers Korb damit.

›Adieu, kleiner Hans‹, sagte der Müller und stieg mit der Planke auf der Schulter und dem Korb in der Hand den Hügel hinauf.

›Adieu‹, sagte Klein Hans und begann lustig zu graben, denn er freute sich über den Karren.

Am nächsten Tag rankte er gerade Geißblatt über die Tür, als er den Müller hörte, der ihn von der Landstraße aus rief. Gleich sprang er von der Leiter und schaute über den Zaun.

Da stand der Müller mit einem großen Sack Mehl auf dem Rücken.

›Lieber kleiner Hans‹, sagte er, ›würdest du wohl so gut sein, mir diesen Sack Mehl auf den Markt zu tragen?‹

›Es tut mir so leid‹, sagte der kleine Hans, ›aber ich habe heute wirklich viel zu tun. Ich muß alle meine Schlingpflanzen aufbinden und alle meine Blumen noch gießen und den Rasen walzen.

›Na weißt du‹, sagte der Müller, ›in Anbetracht dessen, daß ich dir meinen Karren schenken will, ist es etwas unfreundlich von ihr, daß du mir das abschlägst.‹

›Sag doch das nicht‹, rief Klein Hans, ›ich möchte nicht um die Welt unfreundlich sein‹, und er rannte nach seiner Mütze und schleppte sich mit dem schweren Sack auf den Schultern davon.

Es war ein sehr heißer Tag, und die Landstraße war schrecklich staubig; und bevor Hans den sechsten Meilenstein erreichte, war er schon so müde, daß er sich hinsetzen und ausruhen mußte. Aber gleich schritt er wieder tapfer vorwärts und erreichte endlich den Markt. Nachdem er da längere Zeit gewartet hatte, verkaufte er den Sack Mehl für einen guten Preis und ging dann schnurstracks heim, denn er fürchtete Räuber, falls er zu spät in die Nacht hinein käme.

›Das war schon ein schwerer Tag heute‹, sagte er zu sich selber, als er sich schlafen legte; ›aber ich bin froh, daß ich dem Müller die Bitte nicht abgeschlagen habe, denn er ist mein bester Freund, und dann gibt er mir ja auch seinen Karren.‹

Am nächsten Morgen in aller Frühe kam der Müller um das Geld für sein Mehl. Aber der kleine Hans war so müde, daß er noch im Bett lag.

›Du bist doch ein Faulpelz‹, sagte der Müller. ›Dafür, daß ich dir meinen Karren geben will, könntest du, meine ich, schon etwas fleißiger arbeiten. Faulheit ist eine große Sünde, und ich kann es nicht ausstehen, wenn meine Freunde faul und träg sind. Du darfst mir meine Offenheit nicht etwa übelnehmen, und es würde mir nicht im Traum einfallen, so zu sprechen, wenn ich nicht dein Freund wäre. Aber was hätte die Freundschaft für einen Zweck, wenn man einander nicht aufrichtig die Meinung sagen könnte? Liebenswürdigkeiten und Schmeicheleien kann jeder sagen, aber ein wahrer Freund sagt stets unangenehme Dinge und kümmert sich nicht darum, ob er dem andern damit weh tut. Und wenn er ein wirklich wahrer Freund ist, dann tut er gern weh, weil er weiß, daß er damit Gutes tut.‹

›Ach, verzeih‹, sagte der kleine Hans, indem er sich die Augen rieb und die Nachtmütze abnahm, ›aber ich war so müde, daß ich mir dachte, bleibst noch ein Weilchen im Bett und hörst die Vögel singen. Weißt du, daß ich immer besser arbeite, wenn ich die Vögel hab' singen hören?‹

›Das freut mich‹, sagte der Müller und schlug Klein Hans auf den Rücken, ›denn ich möchte, daß du gleich, wenn du fertig angezogen bist, hinauf zur Mühle kommst und mir das Scheunendach ausbesserst.‹

Dem armen kleinen Hans lag viel daran, in seinem Garten zu arbeiten, denn seine Blumen hatten zwei Tage lang kein Wasser bekommen, und doch mochte er dem Müller seine Bitte nicht abschlagen, da er ein so guter Freund von ihm war.

›Würdest du es für unfreundschaftlich von mir halten, wenn ich sagte, daß ich zu tun habe?‹ fragte er ganz schüchtern.

›Na weißt du‹, sagte der Müller, ›ich denke, es ist doch wohl nicht zuviel verlangt dafür, daß ich dir meinen Karren schenken will; aber natürlich, wenn du nicht willst, dann geh' ich und mach' es selber.‹

›Das unter keinen Umständen!‹ rief Klein Hans und sprang aus dem Bett, zog sich an und ging mit dem Müller.

Dort arbeitete er den ganzen Tag bis Sonnenuntergang, und bei Sonnenuntergang kam der Müller nachsehen.

›Hast du das Loch im Dach schon ausgebessert, kleiner Hans?‹ rief er süß.

›Es ist fertig‹, antwortete Klein Hans und stieg die Leiter herunter.

›Ach‹, sagte der Müller, ›keine Arbeit ist doch so erhebend wie die, die man für andere tut.‹

›Es ist wirklich ein großer Vorzug, dir zuhören zu dürfen, wie du sprichst‹, antwortete Klein Hans, ›wirklich ein großes Privilegium. Ich fürchte nur, ich werde niemals so schöne Gedanken haben wie du.‹

›Wird schon kommen‹, sagte der Müller, ›du mußt dir nur mehr Mühe geben. Jetzt kennst du nur die praktische Seite der Freundschaft, aber du wirst schon auch ihre theoretische kennenlernen.‹

›Meinst du wirklich?‹ fragte Klein Hans.

›Ohne Zweifel‹, antwortete der Müller; ›aber nun du das Dach ausgebessert hast, gehst du wohl besser heim und ruhst dich aus, denn ich möchte, daß du morgen meine Schafe auf den Berg treibst.‹

Der arme kleine Hans wagte darauf kein Wort zu erwidern, und am nächsten Morgen brachte in aller Frühe der Müller seine Schafe, und Hans machte sich mit ihnen nach dem Berge auf. Er brauchte den ganzen Tag für den Hin- und Rückweg und war so müde, als er heimkam, daß er auf seinem Stuhle einschlief und erst wieder aufwachte, als es hellichter Tag war.

›Wie schön wird's heut in meinem Garten sein‹, sagte er und ging gleich an die Arbeit.

Aber er kam nie dazu, nach seinen Blumen zu sehen, denn immerfort kam sein Freund, der Müller, zu ihm, schickte ihn auf weitläufige Besorgungen oder brauchte ihn in seiner Mühle. Klein Hans war zuzeiten ganz bekümmert darüber und fürchtete, seine Blumen könnten glauben, er habe sie ganz vergessen; aber dann tröstete er sich wieder damit, daß der Müller doch sein bester Freund sei und daß er ihm ja auch einen Karren geben wolle.

So arbeitete der kleine Hans für den Müller, und der sagte ihm alles mögliche Schöne über die Freundschaft, was Hans alles in ein Notizbuch aufschrieb und des Nachts durchlas, denn er war ein sehr gelehriger Schüler.

Eines Abends saß der kleine Hans beim Ofen, als laut an die Tür geklopft wurde. Es war eine sehr stürmische Nacht, und der Wind pfiff und tobte um das Haus, daß Hans erst glaubte, es sei der Sturm. Aber da tönte ein zweites Klopfen und ein drittes lauter als das erstemal.

›Es ist irgendein armer Wandersmann‹, sagte Klein Hans und lief an die Tür.

Da stand der Müller mit einer Laterne in der einen und einem großen Stock in der andern Hand.

›Lieber kleiner Hans‹, rief der Müller, ›ich bin in großer Verlegenheit. Mein kleiner Junge ist von der Leiter gefallen und hat sich verletzt, und ich muß den Arzt holen. Aber der wohnt so weit weg, und es ist eine so schlimme Nacht, daß ich auf den Gedanken kam, es sei eigentlich viel besser, wenn du statt meiner gingest. Du weißt, ich schenke dir meinen Karren, und da ist es ja eigentlich nur in Ordnung, daß du mir mal einen Gegendienst erweisest.‹

›Selbstverständlich‹, rief Klein Hans, ›ich rechne es mir als eine Ehre an, daß du dich an mich wendest, und ich mach' mich sofort auf den Weg. Aber du mußt mir deine Laterne leihen, ich fürchte, ich falle sonst in einen Graben.‹

›Es tut mir sehr leid‹, antwortete der Müller, ›aber es ist meine neue Laterne, und es wäre ein großer Schaden für mich, wenn etwas daran entzweiginge.‹

›Macht nichts, dann geh' ich halt ohne Laterne‹, sagte Klein Hans, griff nach Pelzrock und Wollmütze und ging.

Es war ein schrecklicher Sturm, und die Nacht war so schwarz, daß der kleine Hans kaum die Hand vor den Augen sehen konnte, und der Wind blies so stark, daß er sich kaum auf den Füßen zu halten vermochte. Aber er schritt tapfer vorwärts und nach drei Stunden kam er an des Doktors Haus und klopfte an die Tür.

›Wer ist da?‹ rief der Arzt und steckte den Kopf zum Schlafzimmerfenster heraus.

›Klein Hans, Doktor.‹

›Und was willst du?‹

›Dem Müller sein Kleiner ist von der Leiter gefallen und hat sich was getan, und der Müller läßt Sie bitten, Sie möchten gleich kommen.‹

›Schön‹, sagte der Arzt, und er ließ anspannen und sich die hohen Stiefel und seine Laterne bringen und kam herunter und fuhr nach der Mühle, während Klein Hans hinter ihm her lief.

Aber der Sturm wurde immer schlimmer, und der Regen fiel in Strömen, und Klein Hans konnte nicht mehr sehen, wo er ging, und nicht mehr mit dem Gaul Schritt halten. Endlich kam er ganz vom Weg ab und geriet ins Moor, das sehr gefährlich war, da es tiefe Löcher hatte, und Klein Hans sank ein und ertrank. Am andern Tage fanden Ziegenhirten seine Leiche auf dem Wasser schwimmen und brachten sie in das Gärtnerhäuschen.

Die ganze Gegend ging mit bei Klein Hans' Begräbnis, denn jedermann hatte ihn gekannt, und der Müller war der Hauptleidtragende. ›Da ich sein bester Freund war‹, sagte der Müller, ›ist es nur in der Ordnung, daß ich den besten Platz bekomme‹, und so ging er in dem Trauergefolge als erster in einem langen schwarzen Rock und wischte sich immerfort die Augen mit einem großen Taschentuch.

›Klein Hans haben sicher alle verloren‹, sagte der Schmied, als das Begräbnis vorbei war und alle bei Wein und Kuchen im Wirtshaus beisammensaßen.

›Für mich ist es jedenfalls ein schwerer Verlust‹, sagte der Müller, ›ich hatte ihm meinen Karren schon so gut wie geschenkt, und jetzt weiß ich nicht, was ich damit anfangen soll. Er ist mir zu Hause sehr im Wege und in einem Zustand, daß ich nichts dafür bekomme, wenn ich ihn verkaufe. Ich will mich jedenfalls hüten, jemals wieder etwas herzuschenken. Man hat unter seiner Großmut immer zu leiden.‹«

»Nun, und?« sagte der Wasserratz nach einer langen Pause.

»Nun, das ist der Schluß«, sagte der Grünspecht.

»Und was ist denn aus dem Müller geworden?« fragte der Wasserratz.

»Das weiß ich wirklich nicht«, antwortete der Vogel, »und es ist mir auch ganz gleich.«

»Dann ist es mir auch ganz klar, daß Sie nicht das geringste Mitgefühl in Ihrem Charakter haben«, sagte der Wasserratz.

»Ich fürchte, Sie verstehen die Moral der Geschichte nicht ganz«, bemerkte der Grünspecht.

»Die ... was?« schrie der Wasserratz.

»Die Moral.«

»Wollen Sie damit sagen, daß die Geschichte eine Moral hat?«

»Natürlich«, sagte der Grünspecht.

»Das hätten Sie mir«, sagte der Wasserratz wütend, »vorher sagen sollen. Hätten Sie mir das zu Anfang gesagt, so hätte ich gar nicht zugehört; ich würde ›Bah‹! gesagt haben wie der Kritiker, was ich übrigens auch jetzt noch sagen kann.«

So rief er also in den höchsten Tönen »Bah!«, gab seinem Schwanz einen Schupser und verschwand in seinem Loch.

»Mögen Sie den Wasserratz leiden?« fragte die Ente, die ein paar Minuten darauf angepaddelt kam. »Er hat ja sicher eine Menge gute Eigenschaften, aber was mich betrifft – ich habe ein Muttergefühl und kann nie einen überzeugten Junggesellen sehen, ohne daß mir Tränen in die Augen kommen.«

»Ich fürchte fast, ich habe ihn gelangweilt«, antwortete der Grünspecht; »ich habe ihm nämlich eine Geschichte mit einer Moral erzählt.«

»Ach, das ist immer eine sehr gewagte Sache«, sagte die Ente.

Und ich bin ganz ihrer Meinung.

Die bedeutende Rakete

Des Königssohnes Hochzeit stand bevor, und darob war allgemeine Freude. Er hatte ein ganzes Jahr auf seine Braut gewartet, und endlich war sie gekommen. Sie war eine russische Prinzessin, und ein Schlitten, von sechs Rentieren gezogen, hatte sie von Finnland hergebracht. Der Schlitten war geformt wie ein großer goldener Schwan, und zwischen des Schwanes Flügeln ruhte die kleine Prinzessin. Ihr langer Hermelinmantel reichte ihr bis an die Füße, auf dem Kopf trug sie eine winzige Kappe aus silbernem Gewebe, und sie war so bleich wie der Schneepalast, in dem sie immer gewohnt hatte. So bleich war sie, daß alles Volk sich darob verwunderte, als sie durch die Straßen fuhr.

»Wie eine weiße Rose ist sie!« rief man und warf von den Balkonen Blumen auf sie herab.

Am Schloßtor ward sie vom Prinzen empfangen. Er hatte verträumte Veilchenaugen, und sein Haar war wie feines Gold.

Als er sie erblickte, sank er aufs Knie und küßte ihre Hand.

»Euer Bildnis war schön«, sagte er leise, »aber Ihr seid noch schöner als Euer Bildnis.« Und die kleine Prinzessin errötete.

»Sie war wie eine weiße Rose«, sagte ein junger Page zu einem andern, »nun ist sie wie eine rote Rose«, und der ganze Hof war entzückt.

Während der nächsten drei Tage sagte ein jeder: »Weiße Rose, rote Rose, rote Rose, weiße Rose«, und der König befahl, daß des Pagen Gehalt verdoppelt würde. Da er nun überhaupt keinen Gehalt bekam, nützte ihm das nicht viel, aber es galt für eine große Ehre und wurde vorschriftsmäßig in der Hofgazette bekanntgemacht.

Als die drei Tage um waren, wurde die Hochzeit gefeiert. Es war eine großartige Sache, und Braut und Bräutigam schritten Hand in Hand unter einem purpursamtnen, mit kleinen Perlen bestickten Baldachin. Dann gab es eine Staatstafel, die fünf Stunden dauerte. Der Prinz und die Prinzessin saßen obenan in der großen Halle und tranken aus einem kristallnen Pokal. Nur treu Liebende konnten aus diesem Pokal trinken, denn wie ihn Falsche Lippen berühren, wird er trüb und wolkig.

»Daß sie einander lieben«, sagte der kleine Page, »das ist so klar wie Kristall!« Und der König verdoppelte seinen Gehalt zum zweiten Male, und »Welche Ehre!« rief der ganze Hof.

Nach dem Bankett sollte ein Ball stattfinden, und das Brautpaar sollte den Rosentanz tanzen, und der König hatte versprochen, die Flöte zu spielen. Er spielte sehr schlecht, aber niemand hatte je gewagt, ihm das zu sagen, weil er der König war. Er konnte bloß drei Melodien und wußte nie genau, welche davon er spielte; aber das machte weiter nichts, denn was immer er auch tat, es rief stets jeder: »Herrlich! Entzückend!«

Die letzte Nummer auf dem Programm war ein großes Feuerwerk, das Punkt Mitternacht abgebrannt werden sollte. Die kleine Prinzessin hatte noch nie in ihrem Leben ein Feuerwerk gesehen, und so hatte der König Befehl gegeben, daß der königliche Pyrotechniker am Hochzeitstag zugegen sein sollte.

»Was ist das, ein Feuerwerk?« hatte sie den Prinzen gefragt, als sie eines Morgens auf der Terrasse spazierengingen.

»Es ist so wie das Nordlicht«, sagte der König, der immer Antwort auf Fragen gab, die an andere gestellt waren, »nur viel natürlicher. Mir ist es lieber als die Sterne, weil man immer ganz genau weiß, wann es losgeht, und es ist so schön wie mein Flötenspiel. Du mußt das unbedingt sehen.«

So war also ganz unten im königlichen Garten ein Stand aufgeschlagen worden, und sobald der königliche Pyrotechniker alles an seinen richtigen Platz gebracht hatte, begann das Feuerwerk untereinander sich zu unterhalten.

»Die Welt ist doch wahrhaftig zu schön!« rief ein kleiner Schwärmer. »Sieh nur mal diese gelben Tulpen. Wenn sie echte Knaller wären, könnten sie nicht schöner sein. Ich bin doch sehr froh, daß ich gereist bin. Reisen bildet den Geist und räumt gründlich mit allen Vorurteilen auf.«

»Des Königs Garten ist nicht die Welt, du verrückter Schwärmer!« sagte eine große römische Kerze. »Die Welt ist ein riesengroßer Platz, und du würdest drei Tage brauchen, um sie ganz zu sehen.«

»Jeder Platz, den man liebt, ist für einen die Welt«, meinte ein nachdenkliches Feuerrad, das seit seiner Kindheit an einer alten Spanschachtel befestigt war und sich mit seinem gebrochenen Herzen brüstete. »Aber die Liebe ist nicht mehr Mode, und die Dichter haben sie getötet. Sie schrieben so viel über sie, daß ihnen niemand mehr glaubte, was mich nicht wundert. Denn wahre Liebe leidet und schweigt. Ich erinnere mich, wie ich selbst einmal ... Aber darum kümmert sich jetzt niemand – die Romantik gehört der Vergangenheit an.«

»Unsinn«, sagte die römische Kerze, »die Romantik stirbt nie. Die ist wie der Mond und lebt ewig. Die Braut und der Bräutigam zum Beispiel lieben einander sehr. Ich hörte alles über sie heut morgen von einer braunen Kartätsche, die zufällig in demselben Schubfach lag wie ich und die letzten Hofneuigkeiten wußte.«

Aber das Feuerrad schüttelte den Kopf. »Die Romantik ist tot, die Romantik ist tot, die Romantik ist tot«, sagte es leise. Das Rad gehörte zu den Leuten, die glauben, daß, wenn sie dieselbe Sache mehrmals sagen, sie am Ende wahr wird.

Plötzlich hörte man ein scharfes, trockenes Husten, und alles schaute sich um.

Es kam von einer großen, hochmütig aussehenden Rakete, die an das Ende eines langen Stockes gebunden war. Sie hustete jedesmal, bevor sie eine Bemerkung machte, um so die Aufmerksamkeit zu erregen.

»Ehem! Ehem!« sagte sie, und alles horchte mit Ausnahme des Feuerrades, das noch immer den Kopf schüttelte und leise dabeiblieb:

»Die Romantik ist tot.«

»Ruhe! Ruhe!« schrie ein Schwärmer. Er war so etwas wie ein Politiker und hatte bei den Wahlen immer eine große Rolle gespielt, und daher kannte er die richtigen parlamentarischen Ausdrücke.

»Ganz tot«, flüsterte das Feuerrad und schlief ein. Sobald vollkommene Stille herrschte, hustete die Rakete zum drittenmal und begann. Sie sprach langsam und deutlich, als ob sie ihre Memoiren diktierte, und blickte die, zu denen sie sprach, immer über die Schulter an. Sie hatte tatsächlich höchst vornehme Manieren.

»Wie glücklich trifft es sich für den Königssohn«, bemerkte sie, »daß er gerade an dem Tag Hochzeit macht, an dem ich losgelassen werden soll. Selbst wenn es vorher so arrangiert worden wäre, hätte es sich für ihn nicht besser treffen können; aber Prinzen haben eben immer Glück.«

»Mein Gott«, sagte der kleine Schwärmer, »ich dachte, es wäre gerade umgekehrt, und wir würden zu Ehren des Prinzen losgelassen.«

»Das mag ja mit Ihnen so der Fall sein«, antwortete sie, »und es ist zweifelsohne der Fall, aber mit mir ist es doch etwas anders. Ich bin eine sehr besondere Rakete und stamme von ganz besonderen Eltern ab. Meine Mutter war das gefeiertste Feuerrad ihrer Zeit und berühmt für ihr graziöses Tanzen. Als sie öffentlich auftrat, drehte sie sich neunzehnmal, bevor sie ausging, und bei jeder Drehung warf sie sieben rosafarbene Sterne in die Luft. Sie hatte drei und einen halben Fuß im Durchmesser und war aus bestem Schießpulver. Mein Vater war eine Rakete wie ich und von französischer Abkunft. Er flog so hoch, daß man fürchtete, er würde nie mehr wieder herunterkommen. Er kam aber doch, denn er war eine liebenswürdige Natur, und machte einen glänzenden Absturz in einem Schauer von goldnem Regen. Die Zeitungen schrieben über seine Leistung in den schmeichelhaftesten Ausdrücken. Die Hofgazette nannte ihn einen Triumph der Pylotechnik.«

»Pyrotechnik meinst du, Pyrotechnik«, sagte ein bengalisches Licht.

»Ich weiß, es heißt Pyrotechnik, denn so sah ich es auf meiner eigenen Büchse geschrieben.«

»Also ich sage Pylotechnik«, antwortete die Rakete in strengem Tone, und das bengalische Licht fühlte sich davon so zermalmt, daß es sofort die kleinen Schwärmer einzuschüchtern begann, um zu zeigen, daß es noch immer eine Person von einiger Bedeutung wäre.

»Ich sagte«, fuhr die Rakete fort, »ich sagte – ja, was sagte ich doch?«

»Du sprachst von dir«, antwortete die römische Kerze.

»Natürlich; ich wußte doch, daß ich von einem interessanten Gegenstand sprach, als ich so unmanierlich unterbrochen wurde. Ich hasse Roheit und alle schlechten Manieren, denn ich leide darunter. Ich weiß, auf der ganzen Welt gibt es kein sensitiveres Geschöpf, als ich bin.«

»Was ist denn das: ein sensitives Geschöpf?« fragte ein Schwärmer das römische Licht.

»Ein Geschöpf, das andern immer auf die Füße tritt, weil es selber Hühneraugen hat«, antwortete die römische Kerze im Flüsterton; und der Schwärmer wollte platzen vor Lachen.

»Bitte, worüber lachen Sie denn?« forschte die Rakete.

»Ich lache doch nicht.«

»Ich lache, weil ich glücklich bin«, sagte der Schwärmer.

»Das ist ein sehr egoistischer Grund«, sagte die Rakete geärgert. »Was für ein Recht haben Sie, glücklich zu sein? Sie sollten an andere denken. Sie sollten an mich denken. Ich denke immer an mich und erwarte von allen andern, daß sie das gleiche tun. Das ist das, was man Sympathie nennt. Es ist eine schöne Tugend, und ich besitze sie in hohem Grade. Nehmen wir zum Beispiel an, mir passierte heute nacht etwas – was für ein Unglück wäre das für einen jeden! Der Prinz und die Prinzessin würden niemals wieder glücklich sein können, ihr ganzes eheliches Leben wäre zerstört, und der König würde nicht darüber wegkommen, das weiß ich. Wahrhaftig, sooft ich über die Bedeutung meiner Stellung nachzudenken beginne, bin ich gerührt bis zu Tränen.«

»Wenn du andern Vergnügen machen willst«, rief die römische Kerze, »ist's besser, du hältst dich trocken.«

»Dazu rät doch der gewöhnliche Verstand«, meinte das bengalische Licht, das in bessere Laune kam.

»Der gewöhnliche Verstand, allerdings«, entrüstete sich die Rakete; »aber Sie vergessen, daß ich sehr ungewöhnlich und besonders bin. Gewöhnlichen Verstand kann jeder haben, vorausgesetzt, er hat keine Phantasie. Aber ich habe Phantasie, denn ich denke an die Dinge nie, wie sie wirklich sind; ich denke mir sie immer ganz verschieden und anders. Und was das Trockenhalten betrifft, so ist hier offenbar kein einziger, der überhaupt eine empfindsame Natur zu schützen weiß. Glücklicherweise mache ich mir nichts daraus. Das einzige, was einem durch das Leben hilft, ist das Bewußtsein von der ungeheuren Inferiorität aller andern, und das ist ein Gefühl, das ich immer kultiviert habe. Herz hat von euch ja niemand. Ihr lacht hier und treibt Possen, geradeso, als ob der Prinz und die Prinzessin nicht Hochzeit machten.«

»Ja, aber weshalb denn nicht?« rief eine kleine Feuerkugel aus. »Weshalb denn nicht? Die Hochzeit ist doch eine höchst freudige Gelegenheit, und wenn ich in die Luft hinaufschwebe, habe ich mir vorgenommen, den Sternen alles darüber zu berichten. Du wirst sie zwinkern sehen, wenn ich ihnen von der hübschen Braut erzähle.«

»Was für eine triviale Lebensauffassung du hast!« sagte die Rakete.

»Aber ich habe von dir nichts anderes erwartet. Es steckt nichts in dir; du bist hohl und leer. Vielleicht wohnen der Prinz und die Prinzessin einmal in einem Lande, wo ein tiefer Fluß ist, und vielleicht haben sie auch einen einzigen Sohn, einen kleinen blondlockigen Knaben mit Veilchenaugen wie der Prinz selber; der geht vielleicht eines Tages mit seiner Amme aus, und die Amme schläft unter einem großen Fliederbaum ein; und dann fällt der Knabe vielleicht in den Fluß und ertrinkt. Was für ein schreckliches Unglück! Arme Menschen, die ihr einziges Kind so verlieren! Es ist zu traurig! Ich werde es niemals verwinden!«

»Aber sie haben ja gar nicht ihr einziges Kind verloren!« sagte die römische Kerze. »Es ist ihnen überhaupt kein Unglück passiert.«

»Das habe ich auch gar nicht behauptet«, antwortete die Rakete, »ich sagte nur, es könnte passieren. Wenn sie ihren einzigen Sohn wirklich verloren hätten, dann hätte es gar keinen Zweck mehr, davon zu sprechen. Ich hasse Menschen, die wegen verschütteter Milch ein Geschrei machen. Aber wenn ich denke, daß sie ihren einzigen Sohn verlieren könnten, so affiziert mich das sehr.«

»Dich natürlich«, rief das bengalische Feuer, »du bist aber auch das affektierteste Geschöpf, das mir je vorgekommen ist.«

»Und du bist das brutalste Geschöpf, dem ich je begegnet bin«, sagte die Rakete, »und kannst meine Freundschaft für den Prinzen selbstverständlich nicht begreifen.«

»Du kennst ihn ja gar nicht«, knurrte die römische Kerze.

»Ich habe nie behauptet, daß ich ihn kenne«, antwortete die Rakete. »Ich behaupte sogar, daß ich sicher sein Freund nicht wäre, wenn ich ihn kennen würde. Es ist eine sehr gefährliche Sache, seine Freunde zu kennen.«

»Gib lieber darauf acht, dich trocken zu halten«, sagte die Leuchtkugel, »das ist die Hauptsache.«

»Für dich wohl, davon bin ich überzeugt«, bemerkte die Rakete; »aber ich weine, wann es mir beliebt.« Und jetzt brach sie tatsächlich in wirkliche Tränen aus, die den Stab herunterliefen wie Regentropfen, so daß zwei kleine Käfer beinahe darin ertrunken wären, die gerade daran dachten, sich ein eigenes Heim zu gründen und sich nach einer trockenen Stelle dafür umsahen.

»Sie muß wirklich sehr romantisch veranlagt sein«, sagte das Feuerrad. »denn sie weint, wo gar nichts zu weinen ist«, und es stieß einen tiefen Seufzer aus und dachte an seine Spanschachtel.

Aber die römische Kerze und das bengalische Feuer waren sehr indigniert und riefen ganz laut: »Schwindel! Schwindel!« Sie waren außerordentlich praktisch gesinnt, und wenn ihnen etwas nicht paßte, nannten sie es immer gleich Schwindel.

Da ging der Mond auf wie ein wundervoller silberner Schild, und die Sterne begannen zu leuchten, und Musik tönte vom Palast her.

Der Prinz und die Prinzessin führten den Tanz. Sie tanzten so schön, daß die hohen weißen Lilien durch das Fenster hinein zuschauten, und die großen roten Klatschrosen wiegten die Köpfe und schlugen den Takt.

Dann tönte die Uhr zehn und dann elf und dann zwölf, und mit dem letzten Schlag Mitternacht kamen sie alle heraus auf die Terrasse, und der König schickte nach dem Hofpyrotechniker.

»Das Feuerwerk soll beginnen«, sagte der König, und der Hofpyrotechniker machte eine tiefe Verbeugung und begab sich hinüber an das Ende des Parkes. Er hatte sechs Gehilfen bei sich, und jeder von ihnen trug an einer langer Stange eine brennende Fackel.

Es war ein herrliches Schauspiel.

»Uitz! Uitz!« machte das Feuerrad, als es sich immer rundum drehte. »Bumm! Bumm!« dröhnte die römische Kerze. Dann tanzten die Schwärmer über den ganzen Platz, und das bengalische Feuer machte alles scharlachrot. »Lebt wohl!« rief die Feuerkugel, als sie fortschwirrte und kleine blaue Funken niederschickte. »Krak! Krak!« antworteten die Feuerfrösche, die sich herrlich amüsierten. So hatte jedes einen großen Erfolg mit Ausnahme der bedeutenden Rakete. Sie war vom Weinen so feucht geworden, daß sie überhaupt nicht auffliegen konnte. Denn das Beste an ihr war das Schießpulver, und das war von den Tränen so naß, daß es versagte. Alle ihre armseligen Verwandten, zu denen sie nie anders als mit einem höhnischen Lächeln sprach, stiegen zum Himmel auf wie wundervolle goldene Blumen mit feurigen Blüten. »Hurra! Hurra!« rief der Hof, und die kleine Prinzessin lachte laut auf vor Vergnügen.

»Ich vermute, sie heben mich für eine ganz besonders große Gelegenheit auf«, sagte die Rakete; »jaja, so ist es«, und sie sah hochmütiger aus als je.

Am nächsten Morgen kamen die Arbeitsleute, um alles wieder in Ordnung zu bringen. »Das ist sicher eine Deputation, ich will sie mit gebührender Würde empfangen«, sagte die Rakete und steckte die Nase hoch in die Luft und runzelte streng die Stirn, als ob sie über etwas sehr Wichtiges nachdächte. Aber die Leute nahmen gar keine Notiz von ihr. Erst als sie weggehen wollten, erblickte sie einer. »Da ist noch eine schlechte Rakete«, rief er und warf sie über die Mauer in den Graben.

»Schlechte Rakete? Schlechte Rakete?« sagte sie, als sie durch die Luft wirbelte. »Unmöglich! Schöne Rakete hat der Mann natürlich gesagt. Schön und schlecht, das klingt so ähnlich und ist oft dasselbe«, und sie fiel in den Schlamm.

»Behaglich ist es hier ja nicht«, bemerkte sie; »aber es wird wohl irgendein fashionabler Badeort sein, und sie haben mich hergeschickt, damit sich meine angegriffene Gesundheit kräftigt. Meine Nerven sind ohne Zweifel etwas irritiert, und ich brauche Ruhe.«

Da schwamm ein kleiner Frosch mit glänzenden gelben Augen und in einem grüngesprenkelten Rock auf sie zu.

»Ein neuer Gast wohl!« sagte der Frosch. »Es geht ja auch wahrhaftig nichts über den Schlamm. Sehen Sie, hab' ich nur regnerisches Wetter und einen Graben, so bin ich vollkommen glücklich. Glauben Sie, daß es heut nachmittag regnen wird? Ich möcht' es sehr wünschen; aber der Himmel ist ganz blau, und kein Wölkchen ist darauf. Wie schade!«

»Ehem! Ehem!« sagte die Rakete und begann zu husten.

»Was Sie für eine schöne Stimme haben!« rief der Frosch. »Sie klingt genau wie von einer Krähe, und die ist für mich die schönste Musik der Welt. Sie sollten heut abend unsern Gesangverein hören! Wir haben unsern Sitz in dem alten Entenpfuhl neben dem Pächterhaus, und sobald der Mond aufgeht, fangen wir an. Es ist so hinreißend, daß die Menschen wach im Bett liegen, um uns zuzuhören. Erst gestern hörte ich, wie die Pächtersfrau zu ihrer Mutter sagte, daß sie unsertwegen die ganze Nacht kein Auge zutun könnte. Es freut einen doch sehr, wenn man so beliebt ist.«

»Ehem! Ehem!« sagte die Rakete geärgert. Sie ärgerte sich schrecklich, daß sie kein Wort dazwischenreden konnte.

»Eine köstliche Stimme«, fuhr der Frosch fort. »Hoffentlich kommen Sie einmal zum Entenpfuhl 'rüber. Jetzt muß ich nach meinen Töchtern sehen. Ich habe nämlich sechs schöne Tochter und fürchte, der Hecht möchte ihnen begegnen. Er ist ein vollendetes Ungeheuer und würde sich keinen Augenblick bedenken, sie zum Frühstück zu verspeisen. Also, auf Wiedersehen! Ich kann Ihnen die Versicherung geben, daß mich unsere Unterhaltung sehr erfreut hat.«

»Eine nette Unterhaltung das«, sagte die Rakete. »Sie haben die ganze Zeit allein gesprochen. Das nenne ich keine Unterhaltung.«

»Einer muß zuhören«, antwortete der Frosch, »und ich übernehme das Sprechen gern. Das spart Zeit und läßt keinen Streit aufkommen.«

»Aber ich mag Streit gern«, sagte die Rakete.

»Hoffentlich nicht«, sagte der Frosch höflich. »Streit ist etwas ganz Ordinäres, denn in der guten Gesellschaft haben alle dieselbe Meinung. Also nochmals: auf Wiedersehen – da drüben sind meine Töchter«; und der kleine Frosch schwamm fort.

Sie sind eine aufdringliche Person«, sagte die Rakete, »und ohne jede Erziehung. Ich hasse Leute, die wie Sie immer von sich selbst reden, wenn man wie ich von sich reden will. Das nenne ich Egoismus, und Egoismus ist etwas ganz Abscheuliches, besonders für jemand von meinem Temperament, denn ich bin wegen meines sympathischen Naturells allgemein beliebt. Sie sollten sich wirklich an mir ein Beispiel nehmen, Sie könnten gar kein besseres Vorbild finden. Und jetzt, wo sich die Gelegenheit bietet, sollten Sie sie benützen, denn ich gehe sehr bald wieder zurück zu Hof, wo ich sehr beliebt bin. Mir zu Ehren wurden gestern der Prinz und die Prinzessin verheiratet. Natürlich wissen Sie von all dem nichts, denn Sie sind vom Lande.«

Es hat keinen Zweck, ihm was zu erzählen«, sagte eine Libelle, die auf einer großen braunen Binse saß, »gar keinen Zweck, denn er ist schon weg.«

Das ist sein Schade, nicht der meine«, erwiderte die Rakete.

Ich denke nicht daran, bloß deshalb mit ihm zu sprechen aufzuhören, weil er nicht zuhört. Ich höre mich selbst sehr gern sprechen Es ist mein größtes Vergnügen. Ich führe oft lange Unterhaltungen mit mir selber, und ich bin so gescheit, daß ich manchmal nicht ein Wort von all dem verstehe, was ich sage.«

»Dann sollten Sie Vorlesungen über Philosophie halten«, sagte die Libelle; und sie breitete ein paar entzückende Gazeflügel aus und schwirrte davon.

»Wie töricht von ihr, daß sie nicht hierblieb«, sagte die Rakete. »Ich bin überzeugt, sie findet nicht oft eine solche Gelegenheit, etwas für ihre Bildung zu tun. Aber mir ist das schließlich gleichgültig. Ein Genie wie ich findet früher oder später seine Anerkennung«; und sie sank noch ein bißchen tiefer in den Schlamm.

Nach einer Weile kam eine große weiße Ente angeschwommen. Sie hatte gelbe Beine und Schwimmhäute an den Füßen und galt für eine große Schönheit wegen ihres Watschelns.

»Quak, quak, quak«, sagte sie, »was für ein komisches Gestell du bist! Darf ich fragen, ob du schon so auf die Welt gekommen bist oder ob das die Folge eines Unfalls ist?«

»Es ist klar, daß Sie immer nur auf dem Lande gelebt haben«, bemerkte die Rakete, »sonst würden Sie wissen, wer ich bin. Übrigens verzeihe ich Ihnen Ihre Unwissenheit. Es wäre unbillig, von andern Leuten zu verlangen, daß Sie so ungewöhnlich und außerordentlich sind, wie man selber ist. Es wird Sie zweifellos überraschen, zu hören, daß ich zum Himmel fliegen und in einem Schauer von goldnem Regen wieder auf die Erde herunterkommen kann.«

»Davon halt' ich nicht viel«, sagte die Ente, »denn ich seh' nicht ein, wozu das gut sein soll. Ja, wenn du die Felder pflügen könntest wie der Ochse oder einen Wagen ziehen wie das Pferd oder die Schafe hüten wie der Schäferhund, das wäre noch was.«

»Ach Sie Ärmste!« rief die Rakete sehr überlegen. »Ich sehe, daß Sie zum untern Stand gehören. Jemand von meinem Rang ist nie nützlich. Wir haben eine gewisse Bildung, und das ist mehr als genügend. Ich habe keinerlei Sympathie für irgendwelche Tätigkeit, am allerwenigsten für eine, die Sie da zu empfehlen scheinen. Ich bin immer der Meinung gewesen, daß zur Arbeit nur jene Leute ihre Zuflucht nehmen, die gar nichts zu tun haben.«

»Jaja«, sagte die Ente, die sehr friedselig war und nie mit irgend jemandem Streit anfing, »jaja, der Geschmack ist verschieden. Aber ich hoffe doch, daß Sie sich hier dauernd niederlassen, nicht?«

»Fällt mir nicht ein!« rief die Rakete. »Ich bin nur zu Besuch hier, ein vornehmer Besuch. Und finde den Ort höchst langweilig. Hier ist weder Gesellschaft noch Einsamkeit. Es ist wie in einer Vorstadt. Wahrscheinlich geh' ich wieder zu Hof zurück, denn ich weiß, ich bin dazu bestimmt, Aufsehen in der Welt zu erregen.«

»Ich hatte mich auch einst mit dem Gedanken beschäftigt, ins öffentliche Leben zu treten«, bemerkte die Ente; »es gibt da so vieles, das reformbedürftig ist. Ich habe auch wirklich einmal den Vorsitz in einer Versammlung geführt, und wir faßten Resolutionen, die alles verurteilten, was wir nicht leiden mochten; aber es scheint, daß sie nicht viel erreicht haben. Jetzt geh' ich ganz in der Häuslichkeit auf und kümmere mich nur noch um meine Familie.«

»Ich bin für das öffentliche Leben geschaffen«, sagte die Rakete »ich und alle meine Verwandten bis zu den Geringsten von ihnen. Wenn immer wir erscheinen, erregen wir Aufsehen. Ich bin selbst noch nicht öffentlich aufgetreten, aber wenn es dazu kommt, wird es ein ganz herrlicher Anblick sein. Was die Häuslichkeit angeht, macht einen die früh alt und lenkt einen von den höheren Dingen ab.«

»Ach ja, die höheren Dinge des Lebens, die sind schön!« sagte die Ente. »Und das erinnert mich daran, wie hungrig ich bin.« Und sie schwamm den Bach hinunter und machte »Quak, quak, quak«.

»Komm doch zurück! Komm zurück!« schrie die Rakete. »Ich hab' dir noch eine ganze Menge zu sagen«; aber die Ente kümmerte sich gar nicht mehr um sie.

»Ich bin froh, daß sie fort ist«, sagte sich die Rakete, »sie hat entschieden was Kleinbürgerliches«, und sie sank noch ein bißchen tiefer in den Schlamm und begann über die Einsamkeit des Genies nachzudenken, als auf einmal zwei kleine Jungen in weißen Kitteln den Graben entlanggelaufen kamen, mit einem Kessel und einem Reisigbündel.

»Das muß die Deputation sein«, sagte die Rakete und versuchte sehr würdig dreinzuschauen.

»Holla«, rief einer der Buben, »schau mal da den alten Stecken! Wie der wohl dahergekommen ist«, und er holte die Rakete aus dem Schlamm heraus.

»Alter Stecken?« sagte die Rakete. »Unsinn! Er sagte natürlich goldener Stock, und das ist ein großes Kompliment. Er hält mich wahrscheinlich für einen Hofwürdenträger.«

»Wir wollen ihn ins Feuer legen«, sagte der andere Junge, »dann kocht unser Topf schneller.«

Also richteten sie das Reisig, legten die Rakete obendrauf und zündeten ein Feuer an.

»Das ist herrlich!« rief die Rakete. »Sie lassen mich bei hellem Tageslicht aufsteigen, damit mich jeder sehen kann.«

»Jetzt wollen wir ein wenig schlafen«, sagten die Jungen, »und wenn wir aufwachen, wird das Wasser kochen.« Und sie legten sich ins Gras und schlossen die Augen.

Die Rakete war sehr feucht, und es brauchte eine lange Weile, bis sie Feuer fing. Endlich kam sie doch ins Brennen.

»Jetzt steig' ich auf!« rief die Rakete und machte sich ganz steif und gerade. »Ich weiß, daß ich viel höher steigen werde als die Sterne, viel höher als der Mond, viel höher als die Sonne. Ich werde so hoch steigen, daß ...«

»Fizz! Fizz! Fizz!«, und sie stieg kerzengerade in die Luft. »Herrlich«, rief sie. »Und so geht's nun weiter in alle Ewigkeit. Was ein Sukzeß!«

Aber niemand sah sie.

Da fühlte sie ein eigentümliches Prickeln im ganzen Leibe. »Jetzt werde ich explodieren!« rief sie. »Ich werde die ganze Welt in Brand setzen und dabei einen solchen Lärm machen, daß ein ganzes Jahr lang kein Mensch von was anderem wird sprechen können.«

Und sie explodierte wirklich. »Krach! Krach! Pffft!« machte das Schießpulver. Darüber gab's keinen Zweifel.

Aber niemand hörte sie, nicht einmal die zwei kleinen Jungen, denn die waren fest eingeschlafen.

»Um Gottes willen«, schrie die Gans auf, »es regnet Stöcke!«, und sie schoß ins Wasser.

»Ich wußte doch, ich würde ein riesiges Aufsehen machen«, hauchte die Rakete und ging aus.

Der junge König

Es war die Nacht vor seinem Krönungstage, und der junge König saß allein in seinem schönen Zimmer. Seine Höflinge hatten alle Urlaub von ihm genommen, indem sie nach dem zeremoniösen Gebrauch der Zeit den Kopf bis zum Boden neigten, und hatten sich in den großen Saal des Palastes begeben, um von dem Oberzeremonienmeister einige letzte Anweisungen zu erhalten; denn einige von ihnen hatten noch ein ganz natürliches Benehmen, und ich brauche nicht erst zu sagen, daß das bei Hofe großen Anstoß erregt.

Der Knabe – denn er war noch ein Knabe, mit seinen sechzehn Jahren – war nicht betrübt, daß sie gingen, und hatte sich mit einem tiefen Seufzer der Befreiung auf die weichen Kissen seines gestickten Lagers zurückgeworfen; er lag da mit flammenden Augen und offenem Munde, wie ein brauner Faun des Waldes oder ein junges Tier der Wildnis, das die Jäger gefangen haben. Und wirklich hatten ihn auch die Jäger gefunden. Sie waren fast durch Zufall auf ihn gestoßen, als er barfuß, die Flöte in der Hand, der Herde des armen Ziegenhirten nachzog, der ihn aufgezogen und als dessen Sohn er sich bis dahin immer angesehen hatte. Das Kind der einzigen Tochter des alten Königs aus einer heimlichen Ehe mit einem, der an Rang weit unter ihr stand – einem Fremden, sagten einige, der durch den wunderbaren Zauber seines Flötenspiels die junge Prinzessin bezaubert hatte, daß sie ihn lieben mußte; während andere einen Künstler aus Rimini nannten, dem die Prinzessin viel, vielleicht zu viel Ehre erwiesen hatte und der plötzlich aus der Stadt verschwunden war, ohne seine Arbeit in der Kathedrale vollendet zu haben –, war er, kaum eine Woche alt, von der Seite seiner schlafenden Mutter gerissen und einem gemeinen Bauern und seiner Frau anvertraut worden, die keine eigenen Kinder hatten und in einem entlegenen Teile des Waldes wohnten, mehr als einen Tagesritt von der Stadt entfernt. Der Gram oder die Pest, wie der Hofarzt feststellte, oder, wie einige behaupteten, ein schnelles italienisches Gift, in einem Becher gewürzten Weines gereicht, tötete schon eine Stunde nach ihrem Erwachen das weiße Mädchen, das ihn geboren hatte; und als der treue Bote, der das Kind über dem Sattelbogen trug, von seinem müden Pferde stieg und an die Tür der Hütte des Hirten pochte, da senkte man den Leichnam der Prinzessin in ein offenes Grab, das man jenseits der Tore der Stadt auf einem verlassenen Kirchhof gegraben hatte – in ein Grab, darin, wie man sagte, schon ein anderer Leichnam lag, der Leichnam eines jungen Mannes von wunderbarer und fremdartiger Schönheit, dem die Hände mit geknüpften Stricken auf den Rücken gebunden waren und dessen Brust viele rote Wunden aufwies.

Das war wenigstens die Erzählung, die man sich zuflüsterte. Sicher war, daß der König auf seinem Totenbette, vielleicht von Reue ob seiner großen Sünde gepeinigt, vielleicht auch nur in dem Wunsch, daß das Königtum bei seiner Linie bleiben möge, nach dem Knaben hatte schicken lassen und ihn in Gegenwart des Rates als seinen Erben anerkannt hatte.

Und es scheint, daß er vom ersten Augenblick seiner Anerkennung an Zeichen jener seltsamen Leidenschaft für die Schönheit zeigte, die so großen Einfluß auf sein Leben gewinnen sollte. Die ihn durch die Flucht von Zimmern begleiteten, welche für ihn bestimmt war, sprachen oft von dem Schrei des Vergnügens, der ihm von den Lippen brach, als er die feinen Gewänder und reichen Juwelen sah, die man für ihn bereitet hatte, und von der beinahe wilden Freude, mit der er sein rohes Lederwams und seinen rauhen Schaffellmantel von sich warf. Freilich, bisweilen vermißte er die schöne Freiheit seines Waldlebens, und er war immer bereit, sich über die langweiligen Hofzeremonien aufzuregen, aber der herrliche Palast – »La Joyeuse« nannte man ihn –, dessen Herr er nun war, schien ihm eine neue Welt zu sein, die eigens zu seiner Lust geschaffen war; und sobald er der Ratsversammlung oder dem Audienzzimmer entfliehen konnte, lief er die große Treppe hinunter, wo Löwen aus vergoldeter Bronze standen und deren Stufen aus glänzendem Porphyr waren, und wanderte von Zimmer zu Zimmer, von Gang zu Gang wie einer, der in der Schönheit einen Balsam für den Schmerz suchte, eine Art Genesung aus Krankheit.

Auf diesen Entdeckungsreisen, wie er sie zu nennen pflegte – und tatsächlich waren es für ihn wirkliche Reisen durch ein Land der Wunder –, ließ er sich oft von den schlanken, blondhaarigen Hofpagen mit ihren flatternden Mänteln und den heiteren, schwebenden Bändern begleiten; aber öfter blieb er allein, denn er fühlte mit raschem Erraten, daß sich die Geheimnisse der Kunst am besten im geheimen erkennen lassen und daß die Schönheit wie die Weisheit den liebt, der sie in der Einsamkeit verehrt.

Manche seltsame Geschichten erzählte man sich zu dieser Zeit vom ihm. Man sagte, ein behäbiger Bürgermeister, der gekommen war, um eine glühende oratorische Begrüßung im Namen der Bürger der Stadt an ihn zu richten, habe ihn gesehen, wie er in wirklicher Anbetung vor einem großen Gemälde kniete, das gerade aus Venedig gekommen war und die Anbetung einiger neuer Götter darzustellen schien. Bei einer anderen Gelegenheit hatte man ihn mehrere Stunden lang vermißt und erst nach langem Suchen in dem kleinen Zimmer eines der nördlichen Türmchen entdeckt, als er gleich einem, der in Verzückung ist, auf eine griechische Gemme starrte, in die die Gestalt des Adonis geschnitten war. Man hatte ihn gesehen, so ging das Gerücht, wie er seine warmen Lippen auf die Marmorstirn einer antiken Statue preßte, die bei Gelegenheit des Baues einer steinernen Brücke im Flußbett gefunden worden war und eine Inschrift mit dem Namen des bithynischen Sklaven Hadrians trug. Er hatte eine ganze Nacht damit verbracht, die Wirkung des Mondlichts auf ein silbernes Standbild des Endymion zu beobachten.

Jedenfalls hatten alle seltenen und kostbaren Stoffe einen großen Zauber für ihn, und in dem drängenden Wunsche, sie sich zu verschaffen, hatte er viele Kaufleute ausgesandt: die einen, um von dem rauhen Fischervolk der Meere des Nordens Bernstein zu erhandeln; andere nach Ägypten, um jene seltsam grünen Türkise zu suchen, die man nur in den Gräbern der Könige findet und die magische Kräfte besitzen sollen; andere nach Persien, um seidene Teppiche und gemalte Tongefäße, und wieder andere nach Indien, um Gaze zu kaufen und getöntes Elfenbein, Mondsteine und Armbänder aus Nephriten, Sandelholz und blaue Emaillen und Schals aus feiner Wolle.

Aber am meisten hatte ihn das Gewand beschäftigt, das er bei seiner Krönung tragen sollte, das Gewand aus gewebtem Gold, die rubinenbesetzte Krone und das Zepter mit den Reihen und Ringen von Perlen.

Ja, daran dachte er heute abend, als er auf seinem kostbaren Lager lag und das große Tannenscheit ansah, das sich im offenen Kamin verzehrte. Die Zeichnungen, die von der Hand des berühmtesten Künstlers der Zeit herrührten, waren ihm vor vielen Monaten vorgelegt worden, und er hatte Befehl gegeben, daß die Handwerker Tag und Nacht arbeiten sollten, um sie auszuführen, und daß man die ganze Welt durchsuchte, um Juwelen zu finden, die ihrer Arbeit würdig wären. Er sah sich in Gedanken am Hochaltar der Kathedrale stehen, angetan mit dem Prunkgewande, und ein Lächeln spielte um seine Knabenlippen und weilte dort und entflammte in seinen dunklen Waldaugen einen strahlenden Glanz.

Nach einiger Zeit stand er auf, lehnte sich gegen die geschnitzte Blendung des Kamins und sah sich in dem matt erleuchteten Zimmer um. Die Wände waren mit reichen Gobelins behängt, die den Triumph der Schönheit darstellten. Ein großer Schrank, mit Achat und Lapislazuli eingelegt, füllte eine Ecke, und dem Fenster gegenüber stand ein seltsam geformter Fächerschrank mit Feldern aus Lack und Goldstaub und Goldmosaik, und darauf standen zarte Becher aus venezianischem Glas und eine Trinkschale aus dunkeladrigem Onyx. Bleiche Mohnblumen waren auf die Decke des Bettes gestickt, als wären sie den müden Händen des Schlafes entfallen, und hohe geriefelte Stäbe aus Elfenbein trugen den samtenen Baldachin, aus dem, wie weißer Schaum, große Büschel von Straußenfedern zum bleichen Silber der kassettierten Decke sprangen. Ein lachender Narcissus aus grüner Bronze hielt einen glänzenden Spiegel über dem Kopf. Auf dem Tische stand eine flache amethystene Schale.

Draußen konnte er die gewaltige Kuppel der Kathedrale sehen, die wie eine Seifenblase über die schattigen Häuser schien, und die müden Posten, die auf der nebligen Terrasse am Fluß auf und nieder schritten. Fern, in einem Garten, sang eine Nachtigall. Ein leichter Jasminduft drang durch das offene Fenster. Er strich sich die braunen Locken von der Stirn zurück, nahm eine Laute und ließ die Finger über die Saiten gleiten. Seine schweren Augenlider senkten sich, und eine seltsame Mattigkeit kam über ihn. Niemals hatte er so klar oder mit so gesteigerter Freude den Zauber und das Geheimnis des Schönen empfunden.

Als es vom Turme Mitternacht schlug, berührte er eine Glocke. Seine Pagen traten ein und entkleideten ihn unter vielen Zeremonien und gossen ihm Rosenwasser auf seine Hände und streuten ihm Blumen auf sein Kissen.

Wenige Minuten, nachdem sie gegangen waren, fiel er in Schlaf.

Und als er schlief, träumte er einen Traum, und dieses war sein Traum: Es war ihm, als stünde er in einer langen, niedrigen Dachstube, unter dem Schwirren und Rasseln vieler Webstühle. Das magere Tageslicht drang durch die vergitterten Fenster und zeigte ihm die hageren Gestalten der Weber, die über die Rahmen gebeugt waren. Bleiche, kränkliche Kinder hockten auf den mächtigen Querbalken. Und wenn die Webeschiffchen durch den Zettel fuhren, hoben sie das schwere Richtscheit auf; und wenn die Schiffchen innehielten, ließen sie das Richtscheit fallen und schoben die Fäden zusammen. Ihre Gesichter waren eingefallen vom Hungern, und ihre dünnen Hände zitterten und bebten. Einige dürre Frauen saßen an einem Tisch und nähten. Ein furchtbarer Geruch erfüllte den Raum. Die Luft war stickig und schwer, und die Wände tropften und liefen vor Feuchtigkeit.

Der junge König ging zu einem der Weber und trat an ihn heran und sah ihm zu.

Der Weber aber sah böse zu ihm auf und sagte:

Was siehst du mir zu? Bist du ein Späher, der von unserem Herrn über uns gesetzt ist?«

»Wer ist dein Herr?« fragte der junge König.

»Unser Herr!« rief der Weber bitter. »Er ist ein Mensch wie ich. Es gibt nur *einen* Unterschied zwischen uns – er trägt schöne Kleider, und ich geh' in Lumpen; und ich bin schwach vor Hunger, während er an Übersättigung leidet.«

»Das Land ist frei«, sagte der junge König, »und du bist niemandes Sklave.«

»Im Kriege«, antwortete der Weber, »machen die Starken die Schwachen zu Sklaven, und im Frieden machen die Reichen die Armen zu Sklaven. Wir müssen arbeiten, um zu leben, und sie geben uns so kläglichen Lohn, daß wir sterben. Wir arbeiten für sie den ganzen Tag, und sie häufen das Gold in ihren Schränken, aber unsere Kinder welken vor ihrer Zeit dahin, und die Gesichter derer, die wir lieben, werden hart und böse. Wir treten die Trauben aus, und ein anderer trinkt den Wein. Wir säen das Korn, und unser eigener Speicher bleibt leer. Wir tragen Ketten, wenn sie auch niemand sieht; und wir sind Sklaven, wenn auch die Menschen uns frei nennen.«

»Ist das wirklich so?« fragte der König.

»Es ist wirklich so«, antwortete der Weber, »bei den Jungen sowohl wie bei den Alten, bei den Frauen wie bei den Männern, bei den kleinen Kindern wie bei denen, die die Jahre beugen. Die Kaufleute treten uns nieder, und wir müssen tun, was sie uns heißen. Der Priester reitet vorüber und zählt die Perlen seines Rosenkranzes, aber kein Mensch kümmert sich um uns. Durch unsere sonnenlosen Gassen schleicht die Armut mit hungrigen Augen, und die Sünde mit ihrem verquollenen Antlitz folgt dicht hinter ihr. Das Elend weckt uns am Morgen, und die Schande sitzt bei uns zur Nacht. Aber was geht dich das an? Du bist keiner von uns. Dein Gesicht ist zu glücklich.«

Und er wandte sich mürrisch fort und warf das Schiffchen durch den Webstuhl; und der junge König sah, daß es mit einem goldenen Faden gefädelt war.

Und eine große Angst befiel ihn, und er fragte den Weber: »Was für ein Gewand ist das, das du da webst?« »Es ist das Gewand für die Krönung des jungen Königs«, antwortete er; »was geht das dich an?«

Und der junge König stieß einen lauten Schrei aus und erwachte; und siehe, er war in seinem eigenen Zimmer, und durch das Fenster sah er den großen, honigfarbenen Mond in den dämmrigen Lüften hängen.

Und er schlief wieder ein und träumte, und dies war sein Traum: Es war ihm, als läge er auf dem Deck einer großen Galeere, die von hundert Sklaven gerudert wurde. Auf einem Teppich zu seiner Seite saß der Herr der Galeere. Er war schwarz wie Ebenholz, und sein Turban war aus roter Seide. Große Ohrgehänge aus Silber zogen die dicken Läppchen seiner Ohren nieder, und in den Händen hielt er zwei elfenbeinerne Waagschalen.

Die Sklaven waren nackt bis auf einen zerlumpten Schurz um die Lenden, und jeder war an seinen Nachbar angekettet. Die heiße Sonne traf sie mit voller Schärfe, und die Neger liefen im Gang auf und ab und peitschten sie mit Peitschen aus Leder. Sie streckten ihre dürren Arme aus und zogen die schweren Ruder durchs Wasser. Der Salzschaum flog vor dem Bug hoch auf.

Schließlich erreichten sie eine kleine Bucht und fingen an zu sondieren. Ein leichter Wind wehte von der Küste und bedeckte Deck und Segel mit einem feinen roten Staub. Drei Araber kamen auf wilden Eseln geritten und warfen Speere nach ihnen. Der Herr der Galeere nahm einen bemalten Bogen zur Hand und schoß ihrer einen in die Kehle. Er fiel mit schwerem Fall in die Brandung, und seine Gefährten ritten davon. Eine Frau in einem gelben Schleier folgte langsam auf einem Kamel und sah sich von Zeit zu Zeit nach dem Leichnam um.

Sobald sie Anker geworfen hatten und das Segel eingeholt war, stiegen die Neger in den Raum hinunter und holten eine lange Strickleiter herauf, die mit Bleigewichten schwer behängt war. Der Herr der Galeere befestigte die Enden an zwei eisernen Haken und warf sie über Bord. Dann ergriffen die Neger den jüngsten der Sklaven, schlugen ihm seine Fesseln herunter, füllten ihm Nasenlöcher und Ohren mit Wachs und banden ihm einen schweren Stein um seine Hüften. Müde stieg er die Leiter hinunter und verschwand im Meer. Einige

Blasen stiegen auf, wo er versank. Einige der anderen Sklaven sahen neugierig über Bord. Vorn im Bug der Galeere saß ein Haifischbeschwörer und schlug monoton seine Trommel.

Nach einiger Zeit kam der Taucher aus dem Wasser empor und klammerte sich keuchend an die Leiter. Er hielt eine Perle in der rechten Hand. Die Neger entrissen sie ihm und stießen ihn zurück. Die Sklaven schliefen über ihren Rudern ein.

Wieder und wieder kam er herauf, und jedesmal brachte er eine herrliche Perle mit. Der Herr der Galeere wog sie und steckte sie in einen kleinen Beutel aus grünem Leder.

Der junge König versuchte zu reden, aber ihm war, als klebte ihm die Zunge am Gaumen, und seine Lippen gehorchten ihm nicht. Die Neger schwatzten miteinander und fingen an, sich um eine Schnur glänzender Perlen zu streiten. Zwei Kraniche kreisten beständig um das Schiff.

Da kam der Taucher zum letzten Male herauf, und die Perle, die er mitbrachte, war schöner als all die Perlen des Ormuzd, denn sie war an Gestalt gleich dem vollen Mond und weißer als der Morgenstern. Aber sein Gesicht war seltsam bleich, und als er auf das Deck fiel, quoll ihm das Blut aus Nase und Ohren. Er bebte noch eine Zeitlang, und dann wurde er still. Die Neger zuckten die Schultern und warfen den Leichnam über Bord.

Und der Herr der Galeere lachte, und er reckte den Arm aus und nahm die Perle, und als er sie sah, preßte er sie an seine Stirn und verneigte sich.

»Sie soll«, sagte er, »für das Zepter des jungen Königs sein«, und er gab den Negern ein Zeichen, die Anker aufzuziehen.

Als der junge König das hörte, stieß er einen lauten Schrei aus und erwachte, und als er zum Fenster hinausblickte, sah er, wie die Dämmerung mit langen, grauen Fingern nach den erbleichenden Sternen griff.

Und er schlief wieder ein und träumte, und dies war sein Traum: Ihm war, als wandere er durch einen dunklen Wald, in dem seltsame Früchte hingen und herrliche, giftige Blumen. Die Nattern zischten nach ihm, als er vorüberging, und die farbenstrahlenden Papageien flogen kreischend von Ast zu Ast. Riesige Schildkröten lagen schlafend auf dem heißen Schlamm. Und die Bäume waren voll von Affen und Pfauen.

Weiter und weiter ging er, bis er zum Rande des Waldes kam; und da sah er eine ungeheure Menge von Menschen, die im Bette eines vertrockneten Flusses arbeiteten. Sie schwärmten auf den Felsen wie Ameisen. Sie gruben tiefe Löcher in den Boden und stiegen hinab. Einige von ihnen spalteten den Fels mit großen Spitzhämmern; andere wühlten im Sande. Sie rissen den Kaktus an seinen Wurzeln heraus und zertraten die scharlachnen Blüten. Sie eilten umher und riefen einander zu, und niemand war müßig.

Aus dem Düster einer Höhle sahen ihnen der Tod und die Habsucht zu, und der Tod sagte: »Ich bin müde; gib mir den dritten Teil von ihnen und laß mich gehen.«

Aber die Habsucht schüttelte den Kopf.

»Sie sind meine Diener«, antwortete sie.

Und der Tod sagte zu ihr: »Was hältst du in der Hand?«

»Ich habe drei Getreidekörner«, antwortete sie, »was geht das dich an«

»Gib mir eins davon«, rief der Tod, »damit ich es in meinen Garten pflanze; nur eins davon, und ich will gehen.«

»Ich will dir gar nichts geben«, sagte die Habsucht, und sie verbarg ihre Hand in einer Falte ihres Kleides.

Und der Tod lachte, nahm eine Schale und tauchte sie in einen Wasserpfuhl, und aus der Schale stieg das Wechselfieber auf. Es ging durch die große Menschenmenge, und der dritte Teil von ihnen lag tot. Ein kalter Nebel folgte ihm, und die Wasserschlangen liefen ihm zur Seite.

Und als die Habsucht sah, daß der dritte Teil der Menge tot war, schlug sie sich die Brust und weinte. Sie schlug sich auf den unfruchtbaren Busen und schrie laut.

»Du hast den dritten Teil meiner Diener erschlagen«, rief sie, »gehe fort. Es herrscht Krieg in den Bergen der Tatarei, und die Könige beider Parteien rufen nach dir. Die Afghanen haben den schwarzen Stier erschlagen und gehen in die Schlacht. Sie haben mit ihren Speeren auf ihre Schilde geschlagen und ihre eisernen Helme aufgesetzt. Was ist dir mein Tal, daß du in ihm verweilen solltest? Gehe von dannen und kehre nie zurück.«

»Ja«, antwortete der Tod, »aber bevor du mir nicht eins der Getreidekörner gegeben hast, gehe ich nicht.«

Doch die Habsucht schüttelte den Kopf.

»Ich will dir gar nichts geben«, murmelte sie.

Und der Tod lachte und hob einen schwarzen Stein auf und warf ihn in den Wald, und aus einem Dickicht wilden Schierlings kam das Sumpffieber in einem Kleid aus Flammen. Und es ging durch die Menge und berührte sie, und jeder, den es berührte, starb. Das Gras welkte unter seinen Füßen, wo es ging.

Und die Habsucht schauderte, und sie streute sich Asche aufs Haupt.

»Du bist grausam«, rief sie; »du bist grausam. In den ummauerten Städten Indiens herrscht eine Hungersnot, und die Zisternen sind vertrocknet in Samarkand. In den ummauerten Städten Ägyptens herrscht Hungersnot, und aus der Wüste sind die Heuschrecken gekommen. Der Nil hat seine Ufer nicht überströmt, und die Priester haben Isis und Osiris verflucht. Geh zu denen, die dich brauchen, und laß mir meine Diener.«

»Ja«, antwortete der Tod, »aber bevor du mir nicht eins der Getreidekörner gegeben hast, gehe ich nicht.«

»Ich will dir gar nichts geben«, sagte die Habsucht.

Und der Tod lachte wieder und pfiff durch die Finger, und ein Weib kam durch die Luft geflogen. »Pest« stand auf ihrer Stirn geschrieben, und eine Schar von hageren Geiern umflatterte sie. Sie bedeckte das Tal mit ihren Flügeln, und niemand blieb am Leben.

Und die Habsucht floh schreiend durch den Wald, und der Tod sprang auf sein rotes Roß und ritt davon, und sein Roß war schneller als der Wind.

Und aus dem Schlamm auf dem Grunde des Tales krochen Drachen und scheußliche Tiere mit Schuppen, und die Schakale kamen den Sand entlanggelaufen und zogen die Luft in ihre Nüstern ein.

Und der junge König weinte und fragte: »Wer waren diese Männer, und was suchten sie?«

»Rubinen für eines Königs Krone«, antwortete einer, der hinter ihm stand.

Und der junge König schrak zusammen und wandte sich um und erblickte einen Mann, der wie ein Pilger gekleidet war und einen silbernen Spiegel in seiner Hand hielt. Er erbleichte und fragte:

»Für welches Königs Krone?«

Und der Pilger antwortete:

»Sieh in den Spiegel, so wirst du ihn sehen.«

Und er sah in den Spiegel, und da er sein eigenes Antlitz sah, stieß er einen lauten Schrei aus und erwachte, und das helle Sonnenlicht strömte ins Zimmer herein, und von den Bäumen im Garten sangen die Vögel.

Und der Kanzler und die hohen Beamten des Staates traten ein und huldigten ihm, und die Pagen brachten ihm das Gewand aus gewebtem Golde und legten die Krone und das Zepter vor ihn hin. Und der junge König sah beide an, und sie waren herrlich. Sie waren herrlicher als irgend etwas, was er bisher gesehen hatte. Aber er dachte an seine Träume und sagte zu seinen Großen:

»Nehmt diese Dinge weg; denn ich will sie nicht tragen.« Und die Höflinge waren entsetzt, und einige unter ihnen lachten, denn sie glaubten, er scherze.

Aber er sprach noch einmal streng zu ihnen und sagte:

»Nehmt diese Dinge weg und verbergt sie vor mir. Ob es auch der Tag meiner Krönung ist, ich will sie nicht tragen. Denn auf dem Webstuhl der Sorge und mit den weißen Händen des Schmerzes ist dies mein Gewand gewoben. Blut ist im Herzen des Rubinen, und im Herzen der Perle ist der Tod.« Und er erzählte ihnen seine drei Träume.

Und als die Höflinge die Träume hörten, sahen sie einander an und flüsterten:

»Sicher, er ist wahnsinnig; denn was ist ein Traum mehr als ein Traum und ein Gesicht mehr als ein Gesicht? Sie sind nichts Wirkliches, daß man sich um sie kümmere. Und was haben wir zu tun mit dem Leben derer, die für uns arbeiten? Soll ein Mann kein Brot mehr essen, bis er den Säer sah, und keinen Wein mehr trinken, bis er mit dem Winzer sprach?«

Und der Kanzler sprach zu dem jungen König und sagte:

»Mein Gebieter, ich bitte dich, laß diese deine schwarzen Gedanken fahren und lege dieses schöne Gewand an und setze die Krone auf dein Haupt. Denn wie soll das Volk wissen, daß du König bist, wenn du nicht eines Königs Kleidung trägst?«

Und der junge König sah ihn an.

»Ist es so, wirklich?« fragte er. »Werden sie mich nicht als König kennen, wenn ich nicht eines Königs Kleidung trage?«

»Sie werden dich nicht erkennen, Gebieter«, rief der Kanzler.

»Ich hatte geglaubt, es habe Männer gegeben, die königlich *waren*«, antwortete er, »aber es mag wohl sein, wie du sagst. Und doch will ich dies Gewand nicht tragen, noch will ich mit dieser Krone mich krönen lassen; sondern wie ich kam zum Palast, so will ich ihn wieder verlassen.«

Und er hieß sie alle hinausgehen bis auf einen Pagen, den er bei sich behielt, einen Knaben, der ein Jahr jünger war als er selbst. Ihn behielt er zu seiner Bedienung bei sich; und als er sich im klaren Wasser gebadet hatte, öffnete er eine große, steinalte Truhe und nahm das rohe Lederwams und den rauhen Schaffellmantel heraus, die er getragen hatte, als er auf dem Hügelhang die zottigen Ziegen des Hirten hütete. Die legte er an, und in die Hand nahm er seinen ungestalten Hirtenstab.

Und der kleine Page öffnete die großen blauen Augen in Verwunderung und sprach lächelnd:

»Mein Gebieter, ich sehe dein Gewand und dein Zepter, aber wo ist deine Krone?«

Und der junge König pflückte einen Zweig von einem wilden Strauch, der über den Balkon kletterte, und bog ihn und machte einen Kranz daraus und setzte ihn sich aufs Haupt.

»Das soll meine Krone sein«, antwortete er.

Und so angetan ging er aus seinem Zimmer in den großen Saal, wo die Edlen auf ihn warteten.

Und die Edlen spotteten, und einige riefen ihm zu:

»Mein Gebieter, das Volk wartet auf seinen König, und du zeigst ihm einen Bettler«; und andere waren zornig und sprachen:

»Er bringt Schande über unseren Staat, und er ist nicht würdig, unser Herr zu sein.«

Aber er antwortete ihnen nicht ein Wort, sondern schritt hinaus und ging die glänzende Porphyrtreppe hinunter und hinaus durch die bronzenen Tore und stieg auf sein Roß und ritt zur Kathedrale, indes der kleine Page neben ihm her lief.

Und das Volk lachte und sagte:

»Da reitet der Narr des Königs vorbei«, und sie verhöhnten ihn. Er aber zog die Zügel an und sagte:

»Nein, denn ich bin der König.« Und er erzählte ihnen seine drei Träume.

Und ein Mann trat aus der Menge hervor und sprach voll Bitterkeit zu ihm und sagte:

»Herr, weißt du nicht, daß sich am Luxus der Reichen das Leben der Armen nährt? Von eurem Pomp werden wir gesättigt und eure Laster geben uns Brot. Für einen harten Herrn zu arbeiten ist bitter, aber bitterer ist es, keinen Herrn zu haben, für den man arbeiten kann. Meinst du, die Raben werden uns Nahrung bringen? Und welche Heilung hast du für diese Dinge? Willst du dem Käufer sagen: Du sollst für so viel kaufen, und dem Händler: Du sollst um diesen Preis verkaufen? Ich glaube nicht. Also kehre um in deinen Palast und lege deinen Purpur an und dein feines Leinen. Was hast du mit uns zu tun und mit dem, was wir dulden?«

»Sind nicht die Reichen und die Armen Brüder?« fragte der junge König.

»Wohl«, antwortete der Mann, »und der Name des reichen Bruders ist Kain.«

Und die Augen des jungen Königs füllten sich mit Tränen, und er ritt weiter unter dem Murren des Volkes; und den kleinen Pagen ergriff die Furcht, und er verließ ihn.

Und als er das Portal der Kathedrale erreichte, warfen die Soldaten ihre Hellebarden vor und sagten:

»Was hast du hier zu suchen? Durch diese Tür tritt niemand ein außer dem König.«

Und sein Gesicht rötete sich vor Zorn, und er sprach zu ihnen:

»Ich bin der König«, und er stieß ihre Hellebarden beiseite und ging hinein.

Und als der alte Bischof ihn in seinem Hirtenkleide kommen sah, stand er verwundert von seinem Throne auf und sprach:

»Mein Sohn, ist das eines Königs Gewandung? Und mit welcher Krone soll ich dich krönen und welches Zepter in deine Hände legen? Wahrlich, dies sollte für dich ein Tag der Freude sein und nicht der Erniedrigung.«

»Soll die Freude tragen, was der Gram geschaffen hat?« sagte der junge König. Und er erzählte ihm seine drei Träume.

Und als der Bischof sie gehört hatte, zog er die Stirn in Falten und sprach:

»Mein Sohn, ich bin ein alter Mann und bin im Winter meiner Tage, und ich weiß, daß viele schlimme Dinge in der weiten Welt geschehen. Die wilden Räuber kommen herab von den Bergen und schleppen die kleinen Kinder hinweg und verkaufen sie an die Mohren. Die Löwen liegen und harren der Karawanen und stürzen sich auf die Kamele. Der wilde Eber entwurzelt das Korn im Tal, und die Füchse benagen den Wein auf den Hügeln. Die Piraten verwüsten die Küste der See und verbrennen die Schiffe der Fischer und nehmen ihnen die Netze. In den Salzsümpfen leben die Aussätzigen und wohnen in Häusern aus geflochtenem Rohr, und niemand darf ihnen nahe kommen. Die Bettler ziehen durch die Städte und essen ihr Brot mit den Hunden. Kannst du verhindern, daß es so ist? Willst du den Aussätzigen zu deinem Bettgenossen machen und den Bettler zu dir an die Tafel setzen? Soll der Löwe tun, was du befiehlst, und der wilde Eber dir gehorchen? Ist nicht Er, der das Elend schuf, weiser als du? Deshalb rühme dich nicht um das, was du getan hast, sondern ich gebiete dir, in den Palast zurückzureiten und dein Gesicht froh zu machen und das Gewand anzulegen, das einem König geziemt; und mit der goldenen Krone will ich dich krönen und das Perlenzepter dir in die Hand legen. Und an deine Träume denke nicht mehr. Die Last dieser Welt ist zu groß für einen Menschen, um sie zu tragen, und das Leid der Welt zu schwer für ein Herz, um es zu dulden.«

»Sagst du das in diesem Hause?« sprach der junge König und schritt an dem Bischof vorbei und stieg die Stufen des Altars hinauf und stand vor dem Bildnis Christi.

Er stand vor dem Bildnis Christi, und zu seiner Rechten und zu seiner Linken standen die herrlichen Goldgefäße, der Kelch mit dem gelben Wein und die Phiole mit dem heiligen Öl. Er kniete vor dem Bildnis Christi, und die großen Kerzen brannten hell neben dem juwelenbesetzten Schrein, und der Dampf des Weihrauchs wirbelte in dünnen, blauen Wölkchen durch die Kuppel. Er neigte das Haupt im Gebet, und die Priester in ihren steifen Chorgewändern schlichen vom Altar fort.

Und plötzlich kam von draußen, von der Straße her, ein wilder Tumult, und herein drangen die Edlen mit gezogenen Schwertern und schwankenden Federn und Schilden aus blankem Stahl.

»Wo ist dieser Träumeträumer?« riefen sie. »Wo ist dieser König, der gekleidet ist wie ein Bettler – dieser Knabe, der Schande über unseren Staat bringt? Wahrlich, wir wollen ihn erschlagen, denn er ist unwürdig, über uns zu herrschen.«

Und der junge König neigte wieder das Haupt und betete; und als er sein Gebet geendet hatte, stand er auf und wandte sich um und sah voll Trauer auf sie herab.

Und siehe, durch die gemalten Fenster kam das Sonnenlicht und umströmte ihn; und die Strahlen der Sonne woben um ihn ein gewebtes Gewand, das herrlicher war als das Gewand, das ihm zur Lust geschaffen wurde. Der tote Stab blühte auf und trug Lilien, weißer als Perlen. Der trockene Dorn blühte und trug Rosen, die roter waren als Rubinen. Weißer als schöne Perlen waren die Lilien, und ihre Stiele waren aus glänzendem Silber. Roter als Rubinen waren die Rosen, und ihre Blätter waren aus getriebenem Golde. Er stand da im Gewand eines Königs, und die Flügel des juwelenbesetzten Schreines flogen auf, und von dem Kristall der glänzenden Monstranz strahlte ein herrliches mystisches Licht. Er stand da im Gewand eines Königs, und die Glorie Gottes erfüllte den Raum, und die Heiligen in den geschnitzten Nischen schienen sich zu bewegen. In dem stolzen Gewand eines Königs stand er vor ihnen da, und die Orgel strömte ihre Melodien aus, und die Fanfarenbläser bliesen die Fanfaren, und die Sängerknaben sangen. Und das Volk fiel in Scheu auf die Knie, und die Edlen stießen ihr Schwert in die Scheide und huldigten ihm, und des Bischofs Antlitz wurde bleich, und seine

Hände zitierten. »Ein Größerer, als ich bin, hat dich gekrönt«, rief er und kniete vor ihm nieder.

Und der junge König trat hernieder von dem Hochaltar und ging heim, mitten durch das Volk. Aber niemand wagte ihm ins Gesicht zu sehen, denn es war wie das Gesicht eines Engels.

Der Geburtstag der Infantin

Es war der Geburtstag der Infantin. Sie war gerade zwölf Jahre alt, und die Sonne schien strahlend in den Garten des Palastes.

Obgleich sie eine wirkliche Prinzessin war und Infantin von Spanien, hatte sie doch jedes Jahr nur einen Geburtstag, gerade wie die Kinder von ganz armen Leuten. Daher war es natürlich für das ganze Land von großer Bedeutung, daß sie bei dieser Gelegenheit einen wirklich schönen Tag haben sollte. Und fürwahr, es war wirklich ein schöner Tag. Die großen, gestreiften Tulpen standen starr aufgerichtet auf ihren Stengeln, langen Reihen von Soldaten gleich, und sie sahen herausfordernd durch den Garten auf die Rosen und sagten: »Wir sind letzt genauso schön wie ihr.« Die purpurnen Schmetterlinge flatterten umher, mit goldenem Staub auf den Flügeln, und besuchten alle Blumen nach der Reihe; die kleinen Eidechsen krochen aus den Rissen der Mauer und lagen in der weißen Glut und sonnten sich; und die Granaten sprangen auf und platzten in der Hitze und zeigten ihre blutenden, roten Herzen. Selbst die bleichen, gelben Zitronen, die in solcher Fülle von den Gittern hingen und an den dunklen Bogengängen entlang, schienen reichere Farbe aus dem wundervollen Sonnenlicht zu saugen, und die Magnolienbäume öffneten ihre großen, kugelrunden Blüten gefalteten Elfenbeins und füllten die Luft mit schwerem, süßem Duft.

Die kleine Prinzessin selbst ging mit ihren Gespielinnen die Terrasse auf und nieder und spielte Versteck um die steinernen Vasen und die alten, moosbewachsenen Statuen. An gewöhnlichen Tagen durfte sie nur mit Kindern ihres Ranges spielen, und also mußte sie immer allein spielen; aber ihr Geburtstag war eine Ausnahme, und der König hatte Befehl gegeben, daß sie von ihren jungen Freunden und Freundinnen einladen sollte wen sie wollte, um sich mit ihnen zu vergnügen. Es lag eine stattliche Grazie über diesen schlanken spanischen Kindern, wie sie herumhuschten: die Knaben mit ihren großfedrigen Hüten und den kurzen flatternden Mänteln; die Mädchen, die die Schleppen ihrer langen Brokatgewänder trugen und ihre Augen mit großen Fächern aus Schwarz und Silber gegen die Sonne schützten. Aber die Infantin war die Anmutigste von allen, und sie war am geschmackvollsten angezogen, wenn auch nach der beschwerlichen Mode der Zeit. Ihr Kleid war aus grauer Seide, der Saum und die weiten Puffärmel schwer mit Silber bestickt und das steife Mieder mit Reihen schöner Perlen besetzt. Zwei winzige Schuhe mit großen, rosigen Schleifen sahen unter ihrem Kleide hervor, wenn sie ging. Rosa und perlenfalben war ihr großer Gazefächer, und in ihrem Haar, das wie eine Aureole aus blassem Golde steif um ihr bleiches kleines Gesichtchen stand, trug sie eine herrliche weiße Rose.

Von einem Fenster des Palastes aus sah ihnen der melancholische König zu. Hinter ihm stand sein Bruder, Don Pedro von Aragon, den er haßte; und sein Beichtvater, der

Großinquisitor von Granada, saß ihm zur Seite. Trauriger noch als gewöhnlich war der König; denn als er auf die Infantin herniedersah, die sich mit kindlichem Ernst gegen die sich versammelnden Höflinge verneigte oder hinter ihrem Fächer über die grimmige Herzogin von Albuquerque lachte, die sie immer begleitete, da dachte er an ihre Mutter, die junge Königin, die – so schien es ihm – erst vor kurzer Zeit aus dem heiteren Frankreich gekommen und in dem düsteren Glanz des spanischen Hofes dahingewelkt war – denn sie starb sechs Monate nach der Geburt ihres Kindes, ehe sie noch die Mandelbäume des Gartens zum zweitenmal hatte blühen sehen und die zweite Jahresfrucht von dem alten, ächzenden Feigenbaum gepflückt hatte, der im Mittelpunkte des jetzt grasbewachsenen Hofes stand. So groß war seine Liebe zu ihr gewesen, daß er sie nicht einmal im Grabe vor sich hatte verbergen lassen. Sie wurde von einem maurischen Arzt einbalsamiert, dem man für diesen Dienst sein Leben schenkte, das, so sagte man, schon wegen Ketzerei und des Verdachtes zauberischer Künste dem Heiligen Amt verfallen war; und ihre Leiche lag noch auf der gestickten Bahre in der schwarzen Marmorkapelle des Palastes, genau wie die Mönche sie an jenem stürmischen Märztag vor beinahe zwölf Jahren hineingetragen hatten. Einmal in jedem Monat ging der König, in einen dunklen Mantel eingeschlagen und eine umhüllte Laterne in der Hand, hinein und kniete an ihrer Seite und rief:»Mi Reina! Mi Reina!« Und bisweilen durchbrach er die Form der Etikette, die in Spanien jede Handlung des Lebens beherrscht und selbst dem Gram eines Königs Grenzen setzt, und faßte die bleichen, beringten Hände in der wilden Qual des Schmerzes und versuchte durch seine wahnsinnigen Küsse das kalte, bemalte Gesicht zu beleben. Heute war ihm, als sähe er sie wieder, wie er sie zuerst gesehen hatte, im Schlosse zu Fontainebleau, als er fünfzehn Jahre alt war und sie noch jünger. Sie waren damals von dem päpstlichen Nuntius vor dem französischen König und dem ganzen Hof förmlich verlobt worden, und er war in den Eskorial zurückgekehrt und hatte eine Locke gelben Haares mitgebracht und das Gedächtnis zweier Kinderlippen, die sich niederbeugten, um seine Hand zu küssen, als er in seinen Wagen stieg. Später war dann die Hochzeit gefolgt, die eilig in Burgos vollzogen wurde, einer kleinen Stadt an der Grenze der beiden Länder, und der großartige öffentliche Einzug in Madrid mit der gewöhnlichen Feier der Hochmesse in der Kirche La Atocha und mit einem ungewöhnlich feierlichen Autodafé, bei dem fast dreihundert Ketzer, unter denen viele Engländer waren, dem weltlichen Arm zur Verbrennung überantwortet waren.

Wahrlich, er hatte sie wahnsinnig geliebt und, so glaubten viele, zum Verderb seines Landes, das damals um den Besitz der Herrschaft über die Neue Welt mit England im Kriege lag. Er hatte kaum je geduldet, daß sie ihm aus den Augen kam, um ihretwillen hatte er – so schien es wenigstens – alle ernsten Staatsgeschäfte vergessen; und mit jener furchtbaren Blindheit, die die Leidenschaft über ihre Diener bringt, hatte er nicht bemerkt, daß die großartigen

Zeremonien, durch die er sie zu erheitern suchte, die seltsame Krankheit nur verstärkten, unter der sie litt. Als sie starb, war er eine Zeitlang wie einer, der seiner Vernunft beraubt ist. Ja, ohne Zweifel hätte er förmlich abgedankt und sich in das große Trappistenkloster bei Granada zurückgezogen, dessen Priorstitel er schon trug, hätte er sich nicht davor gefürchtet, die kleine Infantin in der Gewalt seines Bruders zu lassen, dessen Grausamkeit selbst in Spanien Anstoß erregte und den viele im Verdacht hatten, er habe durch ein Paar vergiftete Handschuhe den Tod der Königin veranlaßt, als sie zum Besuch auf seinem Schlosse in Aragon weilte. Selbst nach Ablauf der dreijährigen Frist öffentlicher Trauer, die er durch königliches Edikt im ganzen Umkreis seiner Herrschaft angeordnet hatte, erlaubte er seinen Ministern nie, von einer neuen Verbindung zu reden; und als der Kaiser selbst zu ihm gesandt hatte, um ihm die Hand seiner Nichte, der lieblichen Erzherzogin von Böhmen, zur Ehe anzubieten, da hatte er den Gesandten befohlen, ihrem Herrn zu sagen, der König von Spanien sei mit der Trauer vermählt, und wenn sie auch eine kalte Braut sei – er liebe sie mehr als die Schönheit; diese Antwort hatte seiner Krone die reichen Provinzen der Niederlande gekostet; denn bald nachher empörten sie sich auf Antrieb des Kaisers gegen ihn, unter der Führung einiger Fanatiker der reformierten Kirche.

Ihm war, als käme ihm heute das ganze Leben seiner Ehe mit seinen wilden, feuerfarbenen Freuden und der furchtbaren Qual seines plötzlichen Endens zurück, während er die Infantin auf der Terrasse spielen sah. Sie hatte all den zierlichen Übermut der Königin in ihrem Benehmen, dieselbe eigensinnige Art, den Kopf zu werfen, denselben stolzen, geschwungenen, schönen Mund, dasselbe wundervolle Lächeln – *vrai ourire de France* –, wenn sie dann und wann zum Fenster aufsah oder den stattlichen spanischen Herren ihre kleine Hand zum Kusse hinhielt. Aber das laute Lachen der Kinder war seinen Ohren schmerzhaft, und das helle, erbarmungslose Sonnenlicht spottete seines Grams, und es war, als färbe ein dumpfer Duft fremdartiger Myrrhen, wie sie zum Einbalsamieren gebraucht werden – oder war es nur Einbildung? –, die klare Morgenluft. Er barg sein Gesicht in den Händen, und als die Infantin wieder hinaufsah, waren die Vorhänge zugezogen, und der König hatte sich entfernt.

Sie machte eine kleine Geste der Enttäuschung und zog ihre Schultern hoch. Wahrlich, er hätte bei ihr bleiben können an ihrem Geburtstag. Was lag an den dummen Staatsgeschäften? Oder war er in jene dunkle Kapelle gegangen, wo immer die Kerzen brannten und wo sie niemals eintreten durfte? Wie töricht von ihm, da die Sonne so hell schien und jeder so glücklich war! Außerdem versäumte er nun das Stierkampfspiel, zu dem schon die Trompete rief, um gar nicht von dem Puppenspiel zu reden und von den anderen herrlichen Dingen. Ihr Onkel und der Großinquisitor waren verständiger. Sie waren auf die Terrasse herausgekommen und machten ihr hübsch Komplimente. Sie warf also den Kopf zurück, nahm Don Pedro bei der Hand und ging langsam die Stufen hinunter zu einem langen Zelt aus purpurner

Seide, das man am hinteren Ende des Gartens errichtet hatte; und die anderen Kinder folgten in strenger Rangordnung: die die längsten Namen hatten, gingen zuerst.

Eine Prozession edler Knaben, phantastisch als Toreadors gekleidet, kam ihr entgegen, und der junge Graf von Terra-Nueva, ein wundervoll hübscher Knabe von ungefähr vierzehn Jahren, entblößte seinen Kopf mit aller Anmut eines Hidalgo und Granden von Spanien und führte sie feierlich hinein zu einem Stuhl aus Gold und Elfenbein, der auf einem erhobenen Podium über der Arena stand. Die Kinder verteilten sich ringsumher, bewegten ihre großen Fächer und flüsterten miteinander, und Don Pedro und der Großinquisitor standen lachend am Eingang. Selbst die Herzogin – die Kamera-Major nannte man sie –, eine dünne Dame mit harten Zügen und einer gelben Krause, sah nicht ganz so übellaunig aus wie gewöhnlich, und etwas wie ein frostiges Lächeln glitt über ihre runzliges Gesicht, und ihre dünnen, blutlosen Lippen zuckten.

Es war wirklich ein wundervoller Stierkampf, und die Infantin meinte, er wäre viel schöner als der wirkliche Stierkampf, in den man sie zu Sevilla geführt hatte, als der Herzog von Parma ihren Vater besuchte. Einige der Knaben ritten auf reichgeschmückten Steckenpferden umher und schwangen lange Wurfspieße mit lustigen Streifen bunter Bänder daran; andere waren zu Fuß und schwangen ihre scharlachnen Tücher vor dem Stier und sprangen leichtfüßig über die Barriere, wenn er sie angriff; und der Stier selbst war ganz wie ein wirklicher Stier, obgleich er nur aus geflochtenen Weiden und gespannter Haut gemacht war und bisweilen hartnäckig auf seinen Hinterbeinen um die ganze Arena lief, was sich ein wirklicher Stier nicht im Traume einfallen läßt. Und er kämpfte wundervoll, und die Kinder wurden so aufgeregt, daß sie auf die Bänke stiegen und ihre Spitzentücher schwenkten und laut »Bravo toro!« riefen, »Bravo toro!« genauso verständnisvoll, als wären sie erwachsene Leute. Zuletzt aber, nach einem langen Kampf, in dem einige der Steckenpferde ganz durch und durch gestoßen und ihre Reiter hinabgeschleudert wurden, brachte der junge Graf von Terra-Nueva den Stier auf die Knie, und nachdem er von der Infantin die Erlaubnis erhalten hatte, ihm den coup de grâce zu geben, tauchte er sein hölzernes Schwert dem Tier mit solcher Gewalt in den Nacken, daß der Kopf gerade herunterfiel und das lachende Gesicht des kleinen Monsieur de Lorraine, des Sohnes des französischen Gesandten in Madrid, sichtbar werden ließ.

Dann wurde die Arena unter großem Applaus geräumt, und die toten Steckenpferde wurden feierlich von zwei maurischen Pagen in gelb und schwarzen Livreen hinausgeschleppt; und nach einem kurzen Zwischenspiel, währenddessen ein französischer Seiltänzer sich auf dem straffen Seil sehen ließ, erschienen einige italienische Drahtpuppen in der halbklassischen Tragödie »Sophonisbe« auf der Bühne eines kleinen Theaters, das zu dem Zweck erbaut worden war. Sie spielten so gut und ihre Gesten waren so natürlich, daß am Schluß des Spieles die Augen der Infantin ganz von Tränen verdunkelt waren. Einige von den Kindern weinten wirklich, und man mußte sie mit Süßigkeiten trösten; und selbst der Großinquisitor war so bewegt, daß er Don Pedro gegenüber die Bemerkung nicht unterdrücken konnte, es sei doch unerträglich, daß einfache Puppen aus Holz und farbigem Wachs, die man mechanisch mit Drähten bewegte, so unglücklich sein und von so furchtbarem Unglück betroffen werden könnten.

Dann kam ein afrikanischer Gaukler, der einen großen, flachen Korb, bedeckt mit einem roten Tuch, hereintrug. Er stellte ihn mitten in die Arena, nahm aus seinem Turban eine seltsame Rohrflöte und blies darauf. Nach wenigen Sekunden fing das Tuch an sich zu bewegen, und wie er die Flöte schriller und schriller blies, steckten zwei grüngoldene Schlangen ihre Klumpenköpfe heraus und erhoben sich langsam und wiegten sich hin und her mit der Melodie, so wie eine Pflanze im Wasser schwankt. Die Kinder aber fürchteten sich vor ihren fleckigen Hauben und den schnellen züngelnden Zungen und waren viel zufriedener, als der Gaukler einen kleinen Orangenbaum aus dem Sande wachsen ließ, der hübsche weiße Blüten und nachher Bündel von wirklichen Früchten trug; und als er den Fächer der kleinen Tochter der Marquise de las Torres nahm und ihn in einen blauen Vogel verwandelte, der im ganzen Zelt umherflog und sang, da kannte ihr Staunen und ihre Freude keine Grenzen mehr. Auch das feierliche Menuett, das die Tänzerknaben der Kirche von Nuestra Señora Del Pilar aufführten, war reizend. Die Infantin hatte diese wundervolle Zeremonie noch nie gesehen, obgleich sie jedes Jahr im Mai vor dem Hochaltar der Jungfrau stattfindet, und obendrein ihr zu Ehren; aber keiner aus der königlichen Familie von Spanien hatte die Kathedrale von Saragossa wieder betreten, seit ein wahnsinniger Priester – viele glaubten auch, er sei von Elisabeth von England bestochen gewesen – versucht hatte, dem Prinzen von Asturien eine vergiftete Oblate zu reichen. So wußte sie nur vom Hörensagen von »Unserer Frauen Tanz«, wie man ihn nannte, und wirklich war es ein schönes Schauspiel. Die Knaben trugen altmodische Hofkleidung aus weißem Samt, und ihre seltsamen dreieckigen Hüte waren mit Silber gefranst, und darüber schwebten große Büschel von Straußenfedern, und die blendende Weiße ihrer Kostüme wurde, wenn sie sich im Sonnenlicht bewegten, noch gehoben durch ihre schwarzbraunen Gesichter und ihr langes, dunkles Haar. Alle waren bezaubert von der ernsten Würde, mit der sie sich durch die verschlungenen Figuren des Tanzes bewegten, und von der erlesenen Anmut ihrer langsamen Gesten und ihrer stolzen Verbeugungen; und als sie ihre Aufführung beendet hatten und ihre großen, federbesetzten Hüte vor der Infantin senkten, da nahm sie ihre Huldigung mit vieler Höflichkeit entgegen und tat ein Gelübde, daß sie dem Altar Unserer Herrin von Pilar eine große Wachskerze stiften wolle, zum Dank für das Vergnügen, das sie ihr gewährt habe

Dann kam eine Truppe von hübschen Ägyptern – so nannte man damals die Zigeuner – in die Arena; sie setzten sich mit gekreuzten Beinen im Kreise und begannen leise auf ihren

Zithern zu spielen; und sie bewegten ihre Körper zur Melodie und summten, fast unvernehmbar, eine leises, träumerisches Lied. Als sie Don Pedro erblickten, sahen sie finster drein, und einige von ihnen fürchteten sich; denn erst vor einigen Wochen hatte er auf dem Marktplatz von Sevilla zwei aus ihrem Trupp wegen Hexerei hängen lassen; aber die schöne Infantin bezauberte sie, als sie sich rückwärts lehnte und mit ihren großen blauen Augen über ihren Fächer sah, und sie fühlten, daß, wer so lieblich war, gegen niemanden jemals grausam sein könnte. So spielten sie weiter, sehr sanft, und berührten nur eben mit ihren langen, spitzen Nägeln die Saiten, und ihre Köpfe begannen zu nicken, als wollten sie einschlafen. Plötzlich aber sprangen sie mit einem so schrillen Schrei auf die Füße, daß die Kinder zusammenfuhren und Don Pedros Hand nach dem Achatknopf seines Dolches griff, und dann wirbelten sie toll in der Arena umher und schlugen ihre Tamburine und sangen in ihrer fremdartigen gutturalen Sprache ein wildes Liebeslied. Auf ein zweites Zeichen aber warfen sie sich alle wieder zu Boden und lagen da, ganz still, und der einförmige Laut der Zithern war das einzige, was die Stille unterbrach. Nachdem sie das mehrere Male wiederholt hatten, verschwanden sie auf einen Augenblick und kehrten mit einem braunen, zottigen Bär an einer Kette zurück und trugen auf ihren Schultern kleine Berberaffen. Der Bär stand mit äußerstem Ernst auf dem Kopf, und die Affen machten allerlei lustige Kunststücke mit zwei Zigeunerknaben, die ihre Herren zu sein schienen, und fochten mit kleinen Schwertern und feuerten kleine Kanonen ab und machten ein regelrechtes Exerzieren durch, genau wie des Königs eigene Leibwache. Kurz, die Zigeuner hatten großen Erfolg.

Aber der lustigste Teil der ganzen Morgenunterhaltung war ohne Zweifel der Tanz des kleinen Zwerges. Als er in die Arena stolperte und auf seinen krummen Beinen humpelte und seinen großen, ungestalten Kopf von einer Seite zur anderen neigte, da stießen die Kinder laute Schreie des Entzückens aus; und die Infantin selbst lachte so sehr, daß sich die Kamera gezwungen sah, sie daran zu erinnern, daß, wenn es auch viele Fälle gäbe, wo in Spanien die Tochter eines Königs vor ihresgleichen geweint habe, es doch unerhört sei, daß eine Prinzessin aus königlichem Blute so lustig sei vor denen, die an Rang niedriger ständen als sie. Der Zwerg aber war wirklich ganz unwiderstehlich, und selbst am spanischen Hofe, der von jeher wegen seiner raffinierten Leidenschaft für das Furchtbare bekannt war, hatte man noch nie ein so phantastisches kleines Ungeheuer gesehen. Es war auch sein erstes Auftreten. Man hatte ihn erst am Tage zuvor entdeckt, als er wild im Walde umherlief und zwei Granden in einem entlegenen Teil des Korkeichenforstes jagten, der um die Stadt läuft. Und sie hatten ihn in den Palast gebracht als eine Überraschung für die Infantin, da sein Vater, ein armer Köhler, nur zu einverstanden war, wenn man ihn von einem so häßlichen und unbrauchbaren Kinde befreien wollte. Vielleicht war das Lustigste an ihm seine vollkommene Unkenntnis der eigenen grotesken Erscheinung. Wirklich schien er ganz glücklich zu sein und voll der besten

Laune. Wenn die Kinder lachten, lachte er ebenso frei und so frisch wie irgendeins von ihnen, und am Schlusse jedes Tanzes machte er jedem eine der komischen Verbeugungen und lachte und nickte ihnen zu, gerade als sei er einer von ihnen und nicht ein kleines ungestaltes Ding, das die Natur in einer humoristischen Laune gebildet hatte, damit andere seiner spotteten. Und die Infantin bezauberte ihn vollends: er konnte die Augen nicht von ihr wenden und schien nur für sie zu tanzen. Und am Schluß der Vorstellung erinnerte sie sich, wie sie gesehen hatte, daß die großen Damen des Hofes dem berühmten italienischen Tenor Coffarelli, den der Papst aus seiner eigenen Kapelle nach Madrid geschickt hatte, um des Königs Melancholie durch die Lieblichkeit seiner Stimme zu heilen, Buketts zuwarfen, und da nahm sie die weiße Rose aus dem Haar und warf sie ihm teils aus Scherz, teils um die Kamera zu ärgern, mit ihrem lieblichsten Lächeln durch die Arena zu; er aber nahm alles ganz ernst und drückte die Blume an seine roten Lippen und legte die Hand aufs Herz er grinste von Ohr zu Ohr, und seine kleinen glänzenden Augen sprühten vor Freude.

Das warf den Ernst der Infantin so sehr um, daß sie noch immer lachte, nachdem der kleine Zwerg längst aus der Arena gelaufen war, und daß sie ihrem Onkel den Wunsch aussprach, man solle den Tanz wiederholen. Die Kamera aber widersprach mit der Begründung, die Sonne sei zu heiß; es sei besser, wenn Ihre Hoheit sofort in den Palast zurückkehrte, wo schon ein wundervolles Mahl für sie bereitet sei und ein wirklicher Geburtstagskuchen mit ihren eigenen Initialen, die ganz aus farbigem Zucker hergestellt seien, und über dem eine hübsche kleine silberne Fahne von einem Mäste wehe. Daher erhob sich die Infantin mit vieler Würde, und nachdem sie Befehl gegeben hatte, der kleine Zwerg sollte nach der Siesta noch einmal für sie tanzen, und dem jungen Grafen von Terra-Nueva ihren Dank für den reizenden Empfang übermittelt hatte, ging sie zurück in ihre Gemächer, und die Kinder folgten in derselben Reihenfolge, in der sie gekommen waren.

Als nun der kleine Zwerg hörte, daß er noch einmal vor der Infantin tanzen sollte, und auf ihren eigenen, ausdrücklichen Befehl, da war er so stolz, daß er in den Garten hinauslief und die weiße Rose in überströmender Freude küßte und die plumpsten und unbeholfensten Gesten des Entzückens machte. Die Blumen waren ganz entrüstet, daß er es wagte, in ihr schönes Heim zu dringen, und als sie sahen, wie er die Wege auf und nieder sprang und seine Arme auf so lächerliche Weise über dem Kopfe schwang, konnten sie ihre Gefühle nicht mehr bezwingen. »Er ist wirklich zu häßlich, als daß man ihm erlauben konnte, irgendwo zu spielen, wo wir sind«, riefen die Tulpen.

»Er sollte Mohnsaft trinken und auf tausend Jahre schlafen gehen«, sagten die großen Scharlachlilien, und sie erhitzten sich und wurden ganz zornig.

»Er ist ein wahres Scheusal!« rief der Kaktus. »Er ist ja ganz verbogen und verstümmelt, und sein Kopf steht in gar keinem Verhältnis zu seinen Beinen. Wahrhaftig, mir läuft eine

Gänsehaut über den ganzen Körper, und wenn er mir nahe kommt, werde ich ihn mit meinen Dornen stechen.«

»Und er hat wahrhaftig eine meiner besten Blüten«, rief der weiße Rosenbaum. »Ich habe sie heute morgen selbst der Infantin gegeben als Geburtstagsgeschenk, und er hat sie ihr gestohlen.« Und er rief, so laut er konnte: »Dieb! Dieb! Dieb!«

Selbst die roten Geranien, die sich für gewöhnlich gar kein Ansehen gaben und von denen bekannt war, daß sie selber viele arme Verwandte hatten, empörten sich vor Abscheu, als sie ihn sahen; und als die Veilchen bescheiden bemerkten, er sei zwar furchtbar häßlich, aber es sei doch nicht seine Schuld, entgegneten sie mit viel Vernunft, das sei gerade sein Hauptfehler, und es sei kein Grund, einen Menschen zu bewundern, weil er unheilbar sei; – und wirklich empfanden selbst einige Veilchen, daß die Häßlichkeit des kleinen Zwergs fast aufdringlich sei und daß er viel mehr Geschmack verraten würde, wenn er traurig aussähe oder mindestens nachdenklich, anstatt lustig herumzuhüpfen und sich in so groteske und alberne Stellungen zu werfen.

Und die alte Sonnenuhr, die eine sehr ausgesprochene Persönlichkeit war und einst keinem Geringeren als dem Kaiser Karl V. selber die Stunden angezeigt hatte –, die Sonnenuhr war so entsetzt über die Erscheinung des kleinen Zwergs, daß sie mit ihrem langen Schattenfinger fast zwei volle Minuten anzuzeigen vergessen hatte; und schließlich konnte sie sich nicht enthalten, zu dem großen, milchweißen Pfau, der sich auf der Balustrade sonnte, zu sagen, es wisse doch jeder, daß die Kinder von Königen Könige wären und die Kinder von Köhlern Köhler, und es sei absurd, zu behaupten, es wäre nicht so. Mit dieser Feststellung war der Pfau sehr einverstanden, und er kreischte »Gewiß, gewiß!« mit einer so lauten und scharfen Stimme, daß die Goldfische, die im Bassin des kühlen, plätschernden Brunnens wohnten, ihre Köpfe zum Wasser hinausstreckten und die großen steinernen Tritonen fragten, was in aller Welt es gäbe.

Aber die Vögel liebten ihn. Sie hatten ihn oft im Wald gesehen, wenn er wie ein Elb über die wirbelnden Blätter tanzte oder in irgendeinem alten, hohlen Eichbaum hockte und seine Nüsse mit den Eichhörnchen teilte. Sie kümmerten sich nicht im geringsten um seine Häßlichkeit. Ja, selbst die Nachtigall, die des Abends so lieblich in den Orangenhainen sang, daß sich bisweilen der Mond herniederneigte, um ihr zu lauschen, sah doch nach nichts Besonderm aus; und außerdem – er war gut zu ihnen gewesen, und während jenes furchtbar harten Winters, als es gar keine Beeren mehr auf den Bäumen gab und als der Boden hart war wie Eisen und die Wölfe bis an die Tore der Stadt gekommen waren, um Nahrung zu suchen, da hatte er sie nie vergessen, sondern ihnen immer Krumen von seiner kleinen Schwarzbrotrinde gegeben und immer mit ihnen geteilt, wenn sein Frühstück auch noch so ärmlich gewesen war.

Daher flogen sie immer um ihn herum, berührten seine Backen im Fluge leicht mit ihren Flügeln und schwätzten miteinander; und der kleine Zwerg war so froh, daß er sich nicht enthalten konnte, ihnen die herrliche weiße Rose zu zeigen und ihnen zu erzählen, daß die Infantin selbst sie ihm gegeben habe, weil sie ihn liebte.

Sie verstanden kein Wort von dem, was er sagte; aber das tat nichts, denn sie neigten den Kopf zur Seite und sahen klug aus – und das ist ebensogut wie etwas verstehen, und viel leichter.

Die Eidechsen faßten auch eine große Vorliebe für ihn, und als er müde war, umherzulaufen, und sich ins Gras warf, um zu ruhen, da spielten und balgten sie sich auf ihm herum und versuchten ihn so gut, wie sie konnten, zu unterhalten.

»Nicht jeder kann so schön sein wie eine Eidechse«, riefen sie; »das wäre zuviel verlangt. Und wenn es auch absurd klingt – im Grunde ist er gar nicht so häßlich; natürlich muß man die Augen zumachen und ihn nicht ansehen.« Die Eidechsen waren sehr philosophisch veranlagt und saßen oft Stunden und Stunden lang zusammen und dachten, wenn sie sonst nichts zu tun hatten oder das Wetter zu regnerisch war, um auszugehen.

Die Blumen aber waren entsetzt über ihr Benehmen und über das Benehmen der Vögel.

»Das zeigt wieder«, sagten sie, »wie entsittlichend dieses ewige Hinundherfliegen und Rennen wirkt. Wohlerzogene bleiben immer auf der gleichen Stelle, so wie wir. Niemals hat man uns die Wege auf und nieder hüpfen sehen oder im Gras wie toll hinter den Wasserjungfern hergaloppieren. Wenn wir einen Luftwechsel nötig haben, dann schicken wir nach dem Gärtner, und er bringt uns ein anderes Bett. So ziemt es sich, und so sollte es sein. Aber Vögel und Eidechsen haben keinen Sinn für Ruhe. Die Vögel haben ja nicht einmal eine ständige Adresse. Sie sind die reinen Vagabunden, wie die Zigeuner, und man sollte sie danach behandeln.«

So hoben sie ihre Nasen in die Luft und sahen sehr hochmütig drein und waren sehr froh, als sie nach einiger Zeit sahen, wie der kleine Zwerg sich vom Gras aufraffte und über die Terrasse auf den Palast zuging.

»Man sollte ihn wahrhaftig für den Rest seines irdischen Lebens einsperren«, sagten sie. »Seht doch den buckligen Rücken und seine krummen Säbelbeine«, und sie begannen zu kichern.

Aber der kleine Zwerg wußte nichts von alldem. Ihm gefielen die Vögel und Eidechsen sehr, und er dachte, die Blumen seien die herrlichsten Dinge in der ganzen Welt, ausgenommen natürlich die Infantin; aber dann hatte sie ihm ja die weiße Rose gegeben, und sie liebte ihn: das machte einen großen Unterschied. Wie wünschte er, daß er mit ihr gegangen wäre! Sie würde ihn zu ihrer rechten Hand gestellt haben, und er wäre nie von ihrer Seite gewichen, sondern hätte sie zu seiner Gespielin gemacht und sie alle möglichen wundervollen

Kunststücke gelehrt. Denn wenn er auch nie zuvor in einem Palast gewesen war, so wußte er doch viele besondere Dinge. Er konnte aus Binsen kleine Käfige bauen, in denen die Grashüpfer singen, und konnte aus langgliedrigem Bambus die Flöte schneiden, die Pan zu hören liebt. Er kannte den Schrei des Vogels und konnte den Star aus den Kronen der Bäume rufen und den Reiher von dem See. Er kannte die Spur jedes Tieres und konnte den Hasen an den leichten Eindrücken seiner Füße verfolgen und den Eber an den zertretenen Blättern. Alle Tänze des Windes kannte er: den tollen Tanz im roten Gewand und dem Herbst, den leichten Tanz in blauen Sandalen über dem Korn, den Tanz mit weißen Schneekränzen im Winter und den Blütentanz durch die Gärten im Frühling. Er wußte, wo die Waldtauben irre Nester bauten, und einmal, als ein Vogelsteller die Elternvögel weggefangen hatte, da hatte er die Jungen selber aufgezogen und hatte ihnen einen Taubenschlag in der Höhle einer zersplitterten Ulme gebaut. Sie waren ganz zahm und fraßen jeden Morgen aus seiner Hand. Sie würden ihr gefallen, und auch die Kaninchen, die in den langen Farnen umherhüpften, und die Holzhäher mit ihren stahlharten Federn und schwarzen Schnäbeln und die Igel, die sich zu stachlichten Kugeln aufrollen konnten, und die großen, klugen Schildkröten, die langsam umherkrochen und die Köpfe schüttelten und an den jungen Blättern nagten. Ja gewiß, sie mußte mitkommen in den Wald und mit ihm spielen. Er würde ihr sein eigenes kleines Bett geben und neben dem Fenster bis zur Dämmerung wachen, um aufzupassen, daß ihr das wilde gehörnte Volk keinen Harm antat und daß die hageren Wölfe der Hütte nicht zu nahe kamen. Und mit der Dämmerung würde er an die Läden klopfen und sie wecken, und sie würden hinausgehen und den ganzen Tag lang zusammen tanzen. Wahrhaftig, es war nicht einsam im Walde. Bisweilen ritt ein Bischof vorbei, auf einem weißen Maultier, und las in einem gemalten Buch. Bisweilen kamen auch in grünen Samtmützen und Jacken aus gegerbtem Wildleder die Falkeniere vorüber, mit verkappten Falken auf der Faust. Zur Winzerzeit kamen die Traubentreter mit purpurnen Händen und Füßen, bekränzt mit glänzendem Efeu, und trugen tropfende Schläuche voll Wein; und die Köhler saßen um ihre Kohlenpfannen zur Nacht und sahen zu, wie die trockenen Scheite langsam im Feuer verkohlten, und brieten Kastanien in der Asche, und die Räuber kamen aus ihren Höhlen und scherzten mit ihnen. Einmal hatte er auch eine schöne Prozession gesehen, die sich den langen, staubigen Weg nach Toledo hinaufwand. Die Mönche gingen voran und sangen lieblich und trugen bunte Fahnen und Kreuze aus Gold; und in ihrer Mitte gingen drei barfüßige Männer, in seltsamen gelben Gewändern, die ganz mit wundervollen Figuren bemaltwaren, und sie trugen brennende Kerzen in den Händen. Oh, es gab viel im Walde zu sehen, und wenn sie müde würde, konnte er ihr eine weiche Moosbank suchen oder sie auf den Armen tragen; denn er war sehr stark, wenn er auch wußte, daß er nicht groß war. Er würde ihr ein Halsband aus Zaunbeeren machen, das wurde geradeso hübsch sein wie die weißen Beeren, die sie auf ihrem Kleide trug; und wenn sie ihrer müde würde, könnte sie sie wegwerfen, und er würde ihr andere suchen. Er würde ihr Eichelschalen bringen und Tausende von Anemonen und kleinen Glühwürmer als Sterne in dem bleichen Gold ihres Haars.

Aber wo war sie? Er fragte die weiße Rose, und sie antwortete ihm nicht. Der ganze Palast schien zu schlafen, und selbst wo die Laden nicht geschlossen waren, waren schwere Vorhänge vor die Fenster gezogen, um die Glut auszuschließen. Er ging ganz herum, um eine Stelle zu finden, wo er eintreten könnte, und schließlich sah er eine kleine verborgene Tür, die offenstand. Er schlüpfte hinein und sah sich in einer glänzenden Halle, glänzender, fürchtete er, als der Wald; es war so viel mehr vergoldet überall, und selbst der Boden war aus großen farbigen Steinen, die nach Art von geometrischen Figuren zusammengefügt waren. Aber die kleine Infantin war nicht da, nur einige herrliche weiße Statuen, die von ihren Jaspispiedestalen auf ihn niedersahen, mit traurigen, leeren Augen und seltsam lächelnden Lippen.

Am Ende des Saales hing ein reichgestickter Vorhang aus schwerem Samt, der mit Sonnen und Sternen, des Königs liebsten Symbolen, besät war und gestickt auf der Farbe, die er am liebsten hatte. Vielleicht war sie dahinter verborgen? Er wollte es jedenfalls versuchen.

Er stahl sich also leise hinüber und zog ihn beiseite. Nein: es war nur ein anderes Zimmer, wie er meinte, als das, aus dem er kam. Die Wände waren mit vielgestaltigen grünen Arrazzi von handgemachter Teppicharbeit behangen, die eine Jagd darstellten; sie stammten von einigen flämischen Künstlern, die mehr als sieben Jahre zu ihrer Vollendung gebraucht hatten. Das war einmal das Zimmer des *Jean le Fou* gewesen, wie man ihn nannte, jenes wahnsinnigen Königs, der die Jagd so liebte, daß er oft in seinen Delirien versucht hatte, die großen bäumenden Rosse zu besteigen und den Hirsch herunterzureißen, auf den die großen Rüden sprangen; daß er sein Jagdhorn blies und mit seinem Dolch nach dem bleichen fliehenden Wilde stach. Jetzt benutzte man es als Ratssaal, und auf dem Tisch in der Mitte lagen die roten Portefeuilles der Minister, die die goldenen Tulpen von Spanien eingepreßt trugen und das Wappen und die Embleme des Hauses Habsburg.

Der kleine Zwerg sah in Verwunderung um sich und fürchtete sich, weiterzugehen. Die seltsamen schweigenden Reiter, die so geschwind durch die langen Lichtungen ritten, ohne das geringste Geräusch zu machen – sie schienen ihm wie jene furchtbaren Phantome, von denen er die Köhler hatte reden hören, die Comprachos, die nur bei Nacht jagen und, wenn sie einem Menschen begegnen, ihn in eine Hirschkuh verwandeln und sie jagen. Aber er dachte an die schöne Infantin und faßte Mut. Sie allein wollte er finden und ihr sagen, daß auch er sie liebe. Vielleicht war sie im nächsten Zimmer.

Er lief über die weichen maurischen Teppiche und öffnete die Tür. Nein, dort war sie auch nicht. Das Zimmer war ganz leer. Es war ein Thronzimmer, das zum Empfang fremder Gesandten benutzt wurde, wenn der König – was lange nicht mehr der Fall gewesen – bereit war, ihnen eine persönliche Audienz zu gewähren; dasselbe Zimmer, in dem vor vielen Jahren die Abgesandten Englands erschienen waren, um den Vertrag über die Heirat ihrer Königin – damals einer der katholischen Fürstinnen Europas – mit des Kaisers ältestem Sohne abzuschließen. Die Tapeten waren aus vergoldetem kordovanischem Leder, und ein schwerer vergoldeter Leuchter mit Armen für dreihundert Wachslichter hing von der schwarz und weißen Decke hernieder. Unter einem großen Thronhimmel aus Goldtuch, auf dem die Löwen und Türme von Kastilien in Perlen gestickt waren, stand der Thron selbst, mit einem reichen Tuch aus schwarzem Samt verhangen, das besetzt war mit silbernen Tulpen und mit Silber und Perlen befranst. Auf der zweiten Stufe des Thrones stand der Knieschemel der Infantin mit einem Kissen aus silbergewirktem Tuch, und noch etwas tiefer und außer dem Bereich des Thronhimmels stand der Sessel für den päpstlichen Nuntius, der allein das Recht hatte, in des Königs Gegenwart bei allen öffentlichen Zeremonien zu sitzen, und dessen Kardinalshut mit seinen verschlungenen scharlachnen Troddeln auf einem purpurnen Taburett davor lag. An der Wand gegenüber dem Throne hing ein lebensgroßes Porträt Karls V. im Jagdgewand, mit einer großen Dogge ihm zur Seite; und ein Bildnis Philipps II., der die Huldigung der Niederlande entgegennimmt, nahm die Mitte der anderen Wand ein. Zwischen den Fenstern stand ein Geheimschrank aus schwarzem Ebenholz, mit Elfenbeinplatten eingelegt, auf denen die Gestalten des Totentanzes von Holbein eingeschnitten waren – einige sagten, von der Hand jenes berühmten Meisters selbst.

Aber der kleine Zwerg kümmerte sich nicht um all diese Pracht Er hatte seine Rose nicht um alle Perlen des Thronhimmels weggegeben und nicht einmal ein Blatt seiner Rose um den ganzen Thron selbst. Er wollte nur die Infantin sehen, ehe sie in das Zelt hinausging, und er wollte sie bitten, mit ihm fortzugehen, wenn er seinen Tanz geendet hätte. Hier im Palast war die Luft eng und schwer, aber im Wald blies ein frischer Wind, und das Sonnenlicht trennte mit schweifenden Goldhänden die zitternden Blätter. Auch Blumen waren im Walde; nicht so kostbare vielleicht wie die Blumen im Garten, aber dafür von um so süßerem Duft; Hyazinthen im Vorfrühling, die mit wogendem Purpur die kühlen Schluchten und die grasbewachsenen Hügel überfluteten; gelbe Primeln, die in kleinen Büscheln um die verwitterten Wurzeln der Eichen wuchsen, buntes Schellkraut und blauen Ehrenpreis und lila und goldene Iris. An den Haselstauden hingen graue Kätzchen, und der Fingerhut neigte sich unter dem Gewicht seiner gesprenkelten Blüten, in denen die Bienen heimisch waren. Die Kastanie hatte ihre Türme von weißen Sternen und der Hagedorn seine bleichen Monde der Schönheit. Ja, gewiß: sie würde kommen, wenn er sie nur finden könnte. Sie würde mit ihm kommen in den schönen Wald, und den ganzen Tag lang würde er für sie tanzen, um sie zu erfreuen. Ein Lächeln entflammte seine Augen bei dem Gedanken, und er ging in das nächste Zimmer.

Von allen Zimmern war dieses das glänzendste und das schönste. Die Wände waren mit rosenfarbigem Damast bespannt, der mit Vögeln gemustert war und bedeckt mit zierlichen silbernen Blüten; die Einrichtung war aus massivem Silber, mit blühenden Girlanden behangen und schwebenden Amoretten; vor zwei großen Kaminen standen mächtige Schirme, die mit Papageien und Pfauen bestickt waren, und der Boden, aus meergrünem Onyx, schien sich weit in die Ferne zu ziehen. Und er war nicht allein.

Unter dem Schatten der Tür, am fernen Ende des Zimmers, erblickte er eine kleine Gestalt, die ihn ansah. Sein Herz zitterte, ein Freudenschrei brach von seinen Lippen, und er trat hinaus in das Sonnenlicht. Als er es tat, trat auch die Gestalt heraus, und er sah sie nun deutlich.

Die Infantin! Oh, es war ein Scheusal, das groteskeste Scheusal, das er je gesehen hatte. Nicht richtig gestaltet wie alle anderen Menschen, sondern bucklig und krummbeinig, mit großem, hängendem Kopf und einer Mähne von schwarzem Haar. Der kleine Zwerg runzelte die Stirn, und das Scheusal runzelte auch die Stirn. Er lachte, und es lachte mit ihm und stemmte die Hände in die Seite, gerade wie er. Er machte ihm eine höhnische Verbeugung, und es gab ihm die tiefe Reverenz zurück. Er ging darauf zu, und es kam ihm entgegen und machte jeden Schritt nach, den er tat, und es stand stille, wenn er stille stand. Er jubelte vor Vergnügen und lief vorwärts und streckte seine Hand aus, und die Hand des Scheusals berührte seine, und sie war kalt wie Eis. Ihm wurde angst, und er streckte seine Hand zur Seite, und die Hand des Scheusals folgte ihr flink. Er versuchte weiterzugehen, aber etwas Glattes und Hartes hielt ihn zurück. Das Gesicht des Scheusals war nun dicht neben seinem, und es schien voll Angst zu sein. Er strich sich das Haar aus den Augen. Es ahmte ihn nach. Er schlug nach ihm aus, und es gab Schlag für Schlag zurück. Er schnitt ihm Gesichter, und es schnitt ihm scheußliche Fratzen. Er fuhr zurück, und es entfernte sich. Was war es? Er dachte einen Augenblick nach und sah sich dann rings im Saale um. Es war seltsam, aber alles schien in dieser unsichtbaren Wand von klarem Wasser sein Ebenbild zu haben. Ja, Bild für Bild wiederholte sich, und Sessel für Sessel. Der schlafende Faun, der bei dem Alkoven neben der Tür lag, hatte seinen schlummernden Zwillingsbruder, und die Silbervenus im Sonnenlicht streckte den Arm aus nach einer Venus, so schön wie sie.

War es das Echo? Er hatte einmal im Tale nach ihm gerufen, und es war Wort für Wort zurückgetönt. Konnte es das Auge täuschen wie das Ohr? Konnte es eine Welt des Scheines schaffen, die der wirklichen Welt ganz gleich war? Konnten die Schatten der Dinge Farbe haben und Leben und Bewegung? War es möglich, daß –?

Er fuhr zusammen. Er nahm die herrlich weiße Rose von seiner Brust und wandte sich um und küßte sie. Das Scheusal hatte auch eine Rose, Blatt für Blatt ihr gleich! Es küßte sie mit gleichen Küssen und drückte sie ans Herz mit schrecklichen Gebärden.

Als ihm die Wahrheit aufdämmerte, stieß er einen lauten Schrei der Verzweiflung aus und fiel schluchzend zu Boden. Er also war ungestalt und bucklig, scheußlich anzusehen und grotesk. Er selbst war das Scheusal, und über ihn hatten die Kinder gelacht, und die kleine Prinzessin, die, wie er geglaubt hatte, ihn liebte – auch sie hatte nur über seine Häßlichkeit gespottet und sich über seine krummen Glieder lustig gemacht. Warum hatte man ihn nicht im Walde gelassen, wo es keinen Spiegel gab, um ihm zu sagen, wie ekelhaft er war? Warum hatte ihn nicht sein Vater getötet, anstatt ihn in seine Schande zu verkaufen? Die heißen Tränen liefen ihm die Backen herunter, und er riß die weiße Rose in Stücke. Das kriechende Scheusal tat das gleiche und warf die blassen Blätter in die Luft. Es kroch am Boden, und wenn er es ansah, beobachtete es ihn mit schmerzverzerrtem Gesicht. Er wandte sich ab, um es nicht zu sehen, und bedeckte seine Augen mit den Händen. Er kroch wie ein verwundetes Tier in den Schatten, und dort blieb er stöhnend liegen.

Und in diesem Augenblick kam die Infantin selbst mit ihren Gespielen durch die offene Balkontür herein, und als sie den häßlichen kleinen Zwerg am Boden liegen sahen und auf phantastische und übertriebene Art mit seinen geballten Händen um sich schlagen, da brachen sie in lautes, glückliches Lachen aus und umringten und beobachteten ihn.

»Sein Tanzen war lustig«, sagte die Infantin; »aber sein Spiel ist noch lustiger. Er ist beinah so gut wie Drahtpuppen, nur längst nicht so natürlich.« Und sie fächelte mit ihrem großen Fächer und klatschte Beifall.

Aber der kleine Zwerg sah nicht ein einziges Mal auf, und sein Schluchzen wurde schwächer und schwächer, und plötzlich rang er merkwürdig nach Luft und griff sich in die Seite. Und dann fiel er zurück und lag ganz still.

»Das ist großartig«, sagte die Infantin nach einer Pause; »aber jetzt sollst du für mich tanzen.«

»Ja« riefen die Kinder, »du mußt aufstehen und tanzen, denn du bist ebenso klug wie die Berberaffen und viel lächerlicher.«

Aber der kleine Zwerg antwortete nicht.

Und die Infantin stampfte mit dem Fuß und rief ihren Onkel, der mit dem Kanzler auf der Terrasse stand und einige Depeschen las, die gerade aus Mexiko gekommen waren, wo man kürzlich das Heilige Amt eingerichtet hatte.

»Mein lustiger kleiner Zwerg ist mürrisch«, rief sie; »du mußt ihn aufwecken und ihm sagen, daß er für mich tanzen soll.«

Sie lächelten einander zu und kamen herein, und Don Pedro beugte sich nieder und schlug den Zwerg mit seinem gestickten Handschuh auf die Backe.

»Du sollst tanzen«, rief er. »Kleines Scheusal, du sollst tanzen. Die Infantin von Spanien und den beiden Indien will amüsiert sein.«

Aber der kleine Zwerg rührte sich nicht.

»Man sollte nach dem Peitschenmeister schicken«, sagte Don Pedro müde und ging wieder auf die Terrasse hinaus. Aber der Kanzler machte ein ernstes Gesicht und kniete neben dem kleinen Zwerg nieder und legte die Hand auf sein Herz. Und nach ein paar Augenblicken zuckte er mit den Schultern, stand auf, machte der Infantin eine tiefe Verbeugung und sagte:

»Mi bella Princesa, Ihr komischer kleiner Zwerg wird nie mehr tanzen. Es ist schade; denn er ist so häßlich, daß er dem König hätte ein Lächeln entlocken können.«

»Aber warum wird er nicht mehr tanzen?« fragte die Infantin lachend.

»Weil ihm das Herz gebrochen ist«, antwortete der Kanzler.

Und die Infantin zog die Stirn in Falten, und ihre niedlichen rosenblättrigen Lippen warfen sich in hübscher Verachtung auf.

»In Zukunft laßt die, die mit mir zu spielen kommen, keine Herzen haben«, rief sie und lief in den Garten hinaus.

Das Sternenkind

Es waren einmal zwei arme Holzfäller, die durch einen großen Tannenwald nach Hause gingen. Es war Winter, und die Nacht war bitter kalt. Der Schnee lag tief auf der Erde und hoch auf den Zweigen der Bäume. Der Frost zerbrach die kleinen Äste auf beiden Seiten, wo sie vorübergingen; und als sie zu dem Gebirgsbach kamen, hing er bewegungslos in der Luft, denn der Eiskönig hatte ihn geküßt.

Es war so kalt, daß selbst die Tiere und die Vögel nicht wußten, was sie anfangen sollten.

»Uu«, knurrte der Wolf, als er durch das Unterholz lief, den Schwanz zwischen den Beinen, »das ist ja ein ganz abscheuliches Wetter. Daß da die Regierung nicht einschreitet!«

»Uiit! Uiit! Uiit!« zwitscherten die grünen Hänflinge. »Die alte Erde ist tot, und sie haben sie in ihrem weißen Totenlaken aufgebahrt.«

»Die Erde will sich verheiraten, und dies ist ihr Brautgewand«, flüsterten die Turteltauben einander zu. Ihre kleinen rosigen Füße waren ganz verfroren, aber sie meinten, es sei ihre Pflicht, die Lage romantisch aufzufassen.

»Unsinn!« heulte der Wolf. »Ich sage euch, die Regierung ist an allem schuld, und wenn ihr mir nicht glaubt, so fress' ich euch.« Der Wolf war von Grund aus praktisch veranlagt, und es fehlte ihm nie an guten Gründen.

»Nun, ich für mein Teil«, sagte der Specht, der ein geborener Philosoph war, »ich kümmere mich nicht die Spur um Erklärungen. Wenn etwas so ist, ist es so, und jetzt ist es furchtbar kalt.«

Und furchtbar kalt war es wirklich. Die kleinen Eichhörnchen, die im Innern der großen Fichten wohnten, rieben fortwährend ihre Nasen aneinander, um sich warm zu halten, und die Kaninchen rollten sich in ihren Höhlen auf und wagten nicht, sich draußen blicken zu lassen. Es schien, als ob nur die großen gehörnten Eulen sich freuten. Ihre Federn waren vom Reif ganz steif, aber das war ihnen gleich, und sie rollten ihre großen gelben Augen und riefen sich durch den Wald hin zu:

»Tu-wiit! Tu-woo! Tu-wiit! Tu-woo! Was für ein wundervolles Wetter wir haben!«

Weiter und weiter gingen die beiden Holzfäller, bliesen sich kräftig auf die Finger und stampften mit ihren großen eisenbeschlagenen Stiefeln auf den festgetretenen Schnee. Einmal sanken sie in ein Loch mit Triebschnee und kamen ganz weiß heraus, wie die Müller sind, wenn die Steine Korn mahlen; und einmal glitten sie auf dem glatten Eise aus, wo das Sumpfwasser gefroren war, und ihr Reisig fiel aus den Bündeln, und sie mußten es wieder zusammensuchen und zusammenbinden; und einmal glaubten sie, sie hätten den Weg verloren, und große Angst befiel sie, denn sie wußten, daß der Schnee grausam ist gegen die, die in seinen Armen schlafen. Aber sie setzten ihr Vertrauen auf den guten Sankt Martin, der über allen Wanderern wacht, und gingen auf ihren Spuren zurück und paßten dann scharf auf.

Und endlich erreichten sie den Saum des Waldes und sahen, fern unten im Tale zu ihren Füßen, die Lichter des Dorfes, in dem sie wohnten.

Ihre Freude über die Rettung war so groß, daß sie laut lachten, und die Erde erschien ihnen wie eine silberne Blume und der Mond wie eine Blume aus Gold.

Aber nachdem sie gelacht hatten, wurden sie wieder traurig, denn sie dachten an ihre Armut; und einer von ihnen sagte zum anderen:

»Warum haben wir gelacht? Wir sehen doch, daß das Leben für die Reichen ist und nicht für solche, wie wir sind. Besser, wir wären vor Kälte im Walde gestorben oder es wären wilde Tiere über uns hergefallen und hätten uns getötet.«

»Wahrlich«, antwortete sein Gefährte, »den einen ist viel gegeben und wenig den anderen. Das Unrecht hat die Welt verteilt, und nichts ist gleich geteilt außer der Sorge.«

Aber als sie ihr Elend beklagten, geschah etwas Seltsames. Vom Himmel fiel ein glänzender und schöner Stern. Er glitt seitlich am Himmel herab, an den anderen Sternen vorbei in seinem Lauf, und als sie ihm verwundert mit den Augen folgten, schien es ihnen, als sänke er hinter einem Gebüsch von Weidenbäumen zu Boden, das dicht bei einer kleinen Schafhürde stand, nicht mehr als einen Steinwurf von ihnen entfernt.

»Ei, da liegt ein Topf Gold für den, der ihn findet«, riefen sie aus, und sie machten sich auf und liefen, so gierig waren sie nach dem Golde.

Und der eine von ihnen lief schneller als der andere und überholte ihn und arbeitete sich durch die Weiden und kam auf der anderen Seite heraus, und siehe da: auf dem weißen Schnee lag wirklich ein goldenes Ding. Er eilte also dahin und beugte sich nieder und legte die Hand darauf; und es war ein Tuch aus goldenem Gewebe, seltsam mit Sternen besetzt und in viele Falten geschlungen. Und er rief seinem Gefährten zu, er habe den Schatz gefunden, der vom Himmel gefallen sei; und als sein Gefährte gekommen war, setzten sie sich auf den Schnee und lösten die Falten des Tuches, um die Goldstücke unter sich zu verteilen. Aber ach, es war kein Gold darin und auch kein Silber noch überhaupt irgendein Schatz, sondern nur ein kleines schlafendes Kind. Und der eine von beiden sagte zum andern:

»Das ist ein bitteres Ende unserer Hoffnung, und wir haben kein Glück, denn was soll ein Kind einem Manne nützen? Wir wollen es liegenlassen und unseres Weges gehen; denn wir sind arme Leute und haben selber Kinder, deren Brot wir nicht einem fremden geben dürfen.«

Aber sein Gefährte antwortete ihm:

»Nein, es wäre schlecht, das Kind hier im Schnee umkommen zu lassen, und wenn ich auch ebenso arm bin wie du und viele Münder zu füttern und nur wenig in der Schüssel habe, so will ich es doch mit nach Hause nehmen, und mein Weib soll dafür sorgen.«

Und so nahm er das Kind ganz zart auf und hüllte das Tuch darum, um es vor der scharfen Kälte zu schützen, und ging den Hügel hinunter zum Dorf, und sein Gefährte wunderte sich sehr über seine Torheit und Herzensweichheit. Und als sie zum Dorfe kamen, sagte sein Gefährte zu ihm:

»Du hast das Kind, gib mir also das Tuch, denn es ist nur recht, daß wir teilen.«

Aber er antwortete ihm:

»Nein; denn das Tuch gehört weder dir noch mir, sondern einzig dem Kinde«; und er bot ihm ein »Gott zum Gruß!« und ging in sein Haus und klopfte.

Und als sein Weib die Tür öffnete und sah, daß ihr Mann heil zurückgekehrt war, schlang sie ihm die Arme um den Hals und küßte ihn und nahm ihm das Reisigbündel vom Rücken und fegte den Schnee von seinen Stiefeln und hieß ihn hereinkommen.

Er aber sagte zu ihr:

»Ich habe etwas im Walde gefunden und es dir mitgebracht, daß du dafür sorgest«, und er rührte sich nicht von der Schwelle.

»Was ist es?« rief sie. »Zeige es mir, denn das Haus ist leer, und wir brauchen vieles.« Und er zog das Tuch zurück und zeigte ihr das schlafende Kind.

»Ach, guter Mann«, murmelte sie, »haben wir nicht selber Kinder genug, daß du durchaus noch einen Wechselbalg bringen mußt, an unserem Herde zu sitzen? Und wer weiß, ob es uns nicht Unglück bringen wird? Und wie sollen wir es pflegen?« Und sie war zornig auf ihn.

»Ja, aber es ist ein Sternenkind«, antwortete er; und er erzählte ihr, wie er es gefunden hatte.

Aber sie ließ sich nicht besänftigen, sondern höhnte ihn und sprach zornig und rief:

»Unsere Kinder haben kein Brot, und sollen wir fremde Kinder füttern? Wer kümmert sich um uns? Und wer gibt uns Brot?«

»Ja, aber Gott sorgt selbst für die Sperlinge und gibt ihnen Nahrung«, antwortete er.

»Sterben die Sperlinge nicht vor Hunger im Winter?« fragte sie. »Und ist nicht jetzt Winter?'

Und der Mann antwortete nichts, aber er ging nicht von der Schwelle.

Und ein bitterer Wind kam vom Walde herein durch die offene Tür und ließ sie erzittern; und sie schauderte und sagte zu ihm: »Willst du die Tür nicht schließen? Es weht ein bitterer Wind ins Haus, und mich friert.«

»In ein Haus, in dem ein Herz hart ist, weht da nicht immer ein bitterer Wind hinein?« fragte er.

Und die Frau antwortete nicht, sondern kroch dichter ans Feuer. Und nach einer Weile drehte sie sich um und sah ihn an, und ihre Augen waren voll Tränen. Da trat er schnell hinein und legte ihr das Kind in die Arme; und sie küßte es und legte es in ein kleines Bett, wo das jüngste ihrer eigenen Kinder schlief. Und am Morgen nahm der Holzfäller das seltsame goldene Tuch und legte es in eine große Truhe, und eine Kette von Bernstein, die um des Kindes Hals war, nahm seine Frau und legte sie dazu. So wurde das Sternenkind mit den Kindern des Holzfällers aufgezogen und saß mit ihnen am gleichen Tisch und war ihr Spielgefährte. Und jedes Jahr wurde schöner, so daß alle, die im Dorfe wohnten, von Staunen erfüllt waren; denn wahrend sie schwarzbraun und dunkelhaarig waren, blieb es weiß und zart wie gedrehtes Elfenbein, und seine Locken waren wie die Ringe des Affodill. Und seine Lippen waren wie die Blätter einer roten Blüte, und seine Augen waren wie Veilchen an einem Strome klaren Wassers und sein Leib wie der Narkissos' auf einem Felde, wohin der Schnitter nicht kommt.

Aber seine Schönheit tat ihm Böses. Denn es wurde stolz und grausam und selbstsüchtig. Die Kinder des Holzfällers und die anderen Kinder des Dorfes verachtete es und sagte, sie seien von niederer Herkunft, während es edel geboren sei, denn es stamme von einem Stern ab; und es machte sich zum Herrn über sie und nannte sie seine Diener. Kein Mitleid hatte es mit den Armen oder für die, die blind waren oder verkrüppelt oder irgendwie krank; sondern es warf Steine nach ihnen und trieb sie hinaus auf die Landstraße und hieß sie ihr Brot anderswo erbetteln, so daß niemand außer den Geächteten zweimal in jenes Dorf kam, um ein Almosen zu erbitten. Ja, es war wie einer, der die Schönheit über alles liebt; und es verhöhnte, die da schwach und schlecht weggekommen waren, und machte Witze über sie, und sich selber liebte es; und im Sommer, wenn die Winde schliefen, dann lag es am Brunnen im Garten des Priesters und sah hinunter auf das Wunder seines Gesichtes und lachte vor Freude über seine Schönheit.

Oft schalten es der Holzfäller und seine Frau und sagten:

»Wir haben nicht so an dir gehandelt, wie du an denen handelst, die trostlos sind und niemand haben, der ihnen hülfe. Warum bist du so grausam gegen alle, die Mitleid brauchen?«

Oft schickte auch der alte Priester nach ihm und suchte ihn die Liebe zu allem Lebenden zu lehren und sagte zu ihm:

»Die Fliege ist dein Bruder. Tu ihr nichts an. Die wilden Vögel, die im Walde schweifen, haben ihre Freiheit. Fange sie nicht zu deinem Vergnügen. Gott schuf die Blindschleiche und den Maulwurf, und jeder hat seinen Ort. Wer bist du, daß du Schmerz in Gottes Welt tragen dürftest? Selbst die Tiere auf dem Felde preisen Ihn.«

Aber das Sternenkind kümmerte sich nicht um solche Worte, sondern runzelte die Stirn und spottete und ging zu seinen Genossen zurück und führte sie. Und seine Genossen folgten ihm, denn es war schön und schnellfüßig und konnte tanzen und flöten und Musik machen.

Und wohin das Sternenkind sie führte, dahin folgten sie, und was das Sternenkind sie tun hieß, das taten sie. Und als es mit einem scharfen Rohr dem Maulwurf die Augen ausstieß, so lachten sie, und wenn es mit Steinen nach den Aussätzigen warf, so lachten sie auch. Und in allen Dingen herrschte es über sie, und sie wurden hartherzig, so wie es selbst.

Nun kam eines Tages eine arme Bettelfrau durch das Dorf. Ihre Kleider waren zerrissen und zerlumpt, und ihre Füße bluteten von dem rauhen Weg, auf dem sie gewandert war, und sie war in sehr üblem Zustand. Und da sie müde war, setzte sie sich unter einen Kastanienbaum, um auszuruhen.

Als das Sternenkind sie sah, sagte es zu seinen Genossen:

»Seht! Da sitzt ein schmutziges Bettelweib unter dem schönen grünenden Baum. Kommt, wir wollen sie fortjagen, denn sie ist häßlich und ungestalt.«

Und sie kamen näher und warfen Steine nach ihr und verhöhnten sie; und sie sah es mit Schrecken an und wandte den Blick von ihm nicht ab. Und als der Holzhacker, der in einem nahen Wildfang Holz spaltete, sah, was das Sternenkind tat, lief er herbei und schalt es und sagte:

»Wahrlich, du hast ein hartes Herz und kennst kein Erbarmen; denn was hat dir dies arme Weib zuleide getan, daß du es so behandelst?«

Und das Sternenkind wurde rot vor Zorn und stampfte mit dem Fuß auf den Boden und sagte:

»Wer bist du, daß du mich fragst, was ich tue? Ich bin nicht dein Sohn, daß ich tue, was du mich heißest.«

»Da sprichst du wahr«, antwortete der Holzfäller; »aber ich erbarmte mich deiner, als ich dich im Walde fand.«

Und als das Weib diese Worte hörte, stieß sie einen lauten Schrei aus und fiel in Ohnmacht. Und der Holzfäller trug sie zu sich ins Haus, und seine Frau sorgte für sie; und als sie aus der Ohnmacht erwachte, in die sie gefallen war, setzten sie ihr zu essen und zu trinken vor und hießen sie guten Mutes sein.

Aber sie wollte weder essen noch trinken, sondern sagte zu dem Holzfäller:

»Sagtest du nicht, du hättest das Kind im Walde gefunden? Und war es nicht vor zehn Jahren am heutigen Tag?«

Und der Holzfäller antwortete:

»Ja, im Walde hab' ich es gefunden, und heute sind es zehn Jahre her.«

»Und was für Zeichen fandest du bei ihm?« rief sie. »Trug es nicht eine Bernsteinkette um seinen Hals? War es nicht eingehüllt in ein Tuch aus Goldgewebe, bestickt mit Sternen?«

»Ganz recht«, antwortete der Holzfäller, »es war, wie du sagst.« Und er nahm das Tuch und die Bernsteinkette aus der Truhe, in der sie lagen, und zeigte sie ihr.

Und als sie sie sah, weinte sie vor Freude und sprach:

»Es ist mein kleiner Sohn, den ich im Walde verlor. Ich bitte dich, schicke sofort nach ihm; denn um ihn zu suchen, bin ich über die ganze Welt gewandert.«

Und der Holzfäller und seine Frau gingen hinaus und riefen das Sternenkind und sagten zu ihm:

»Geh ins Haus; dort wirst du deine Mutter finden, die auf dich wartet.«

Und es lief hinein voll Staunen und großer Freude. Als es aber sah, wer da drinnen wartete, lachte es verächtlich und sagte:

»Nun, wo ist meine Mutter? Denn ich sehe niemanden hier als das gemeine Bettelweib.«

Und das Weib antwortete ihm:

»Ich bin deine Mutter.«

»Du bist wahnsinnig!« rief das Sternenkind voll Zorn. »Ich bin nicht dein Sohn, denn du bist eine Bettlerin und häßlich und in Lumpen. Deshalb schere dich fort und laß mich nicht länger dein schmutziges Gesicht sehen.«

»Nein, aber du bist wirklich mein kleiner Sohn, den ich in den Wald trug«, rief sie; und sie sank in ihre Knie und streckte die Arme nach ihm aus. »Die Räuber haben dich mir gestohlen und dich liegenlassen, damit du sterben solltest«, murmelte sie; »aber ich erkannte dich, als ich dich erblickte, und die Zeichen habe ich auch erkannt, das Tuch aus Goldgewebe und die Bernsteinkette. Deshalb bitte ich dich: komm mit mir! Denn über die ganze Welt bin ich gewandert, um dich zu suchen. Komm mit mir, mein Sohn, denn ich brauche deine Liebe!«

Aber das Sternenkind rührte sich nicht von der Stelle, sondern verschloß die Tür seines Herzens gegen sie, und man vernahm keinen Laut als den Laut des Weibes, das aus Schmerz weinte. Und schließlich sprach es zu ihr, und seine Stimme war hart und bitter:

»Wenn du in Wahrheit meine Mutter bist«, sagte es, »dann wäre es besser gewesen, du wärest fortgeblieben und nicht hierhergekommen, um mich in Schande zu bringen; denn ich glaubte, ich sei das Kind eines Sternes und nicht einer Bettlerin Kind, wie du behauptest. Darum mache dich auf und laß mich dich nicht mehr sehen!«

»Ach, mein Sohn«, rief sie, »willst du mich nicht küssen, ehe ich gehe? Denn ich habe vieles erduldet, um dich zu finden!«

»Nein«, sagte das Sternenkind, »du bist zu garstig anzuschauen, und eher will ich die Natur küssen oder die Kröte als dich.« Da stand das Weib auf und ging fort in den Wald und weinte bitterlich; und als das Sternenkind sah, daß sie fort war, freute es sich und lief zu seinen Spielgenossen zurück, um mit ihnen zu spielen.

Aber als sie es kommen sahen, verhöhnten sie es und riefen:

»Ei, du bist so scheußlich wie die Kröte und so ekelhaft wie die Natter. Mach dich fort, denn wir lassen dich nicht mit uns spielen«, und sie jagten es aus dem Garten.

Und das Sternenkind runzelte die Stirn und sprach zu sich selber: »Was bedeutet das, was sie sagen? Ich will an den Wasserbrunnen gehen und hineinsehen, und er soll mir meine Schönheit zeigen.«

Und es ging an den Wasserbrunnen und sah hinein, und siehe: sein Gesicht war wie das Gesicht einer Kröte, und sein Körper war geschuppt wie der einer Natter. Und es warf sich in das Gras und weinte und sprach zu sich: »Wahrlich, das ist über mich gekommen wegen meiner Sünde. Denn ich habe meine Mutter verleugnet und sie fortgejagt und bin stolz und grausam gegen sie gewesen. Darum will ich gehen und sie über die ganze Welt suchen und nicht ruhen, bis ich sie gefunden habe.«

Und da kam die kleine Tochter des Holzfällers zu ihm, und sie legte ihm die Hand auf die Schulter und sprach:

»Was tut es, ob du deine Schönheit verloren hast? Bleibe bei uns, und ich will dich nicht verhöhnen.«

Es sagte aber zu ihr:

»Nein, denn ich bin grausam gegen meine Mutter gewesen, und zur Strafe ist mir dieses Übel gesandt. Deshalb muß ich von hinnen ziehen und durch die Welt wandern, bis ich sie finde und sie mir ihre Vergebung gibt.«

Und es lief fort in den Wald und rief seine Mutter, zu ihm zu kommen; aber es erhielt keine Antwort. Den ganzen Tag lang rief es nach ihr, und als die Sonne unterging, legte es sich auf einem Bett von Blättern nieder, um zu schlafen. Und die Vögel und die Tiere flohen vor ihm, denn sie gedachten seiner Grausamkeit, und es war allein; nur die Kröte sah es an, und die langsame Natter schlich vorüber. Und am Morgen stand es auf und pflückte bittere Beeren von den Bäumen und aß sie und ging seinen Weg durch den großen Wald und weinte. Und alles, was es traf, fragte es, ob es etwa seine Mutter gesehen hätte.

Es sagte zum Maulwurf: »Du kannst unter die Erde gehen. Sage mir, ist meine Mutter dort?«

Und der Maulwurf antwortete: »Du hast meine Augen blind gemacht. Wie sollte ich es wissen?«

Und es sagte zum Hänfling: »Du kannst über die Wipfel der großen Bäume fliegen und die ganze Welt sehen. Sage mir, kannst du meine Mutter finden?«

Und der Hänfling antwortete: »Du hast mir die Flügel zu deinem Vergnügen beschnitten; wie sollte ich fliegen?«

Und zu dem kleinen Eichhörnchen, das in der Tanne wohnte und einsam war, sagte es: »Wo ist meine Mutter?«

Und das Eichhörnchen antwortete: »Du hast die meine erschlagen. Suchst du jetzt auch deine Mutter zu erschlagen?«

Und das Sternenkind weinte und neigte den Kopf und bat Gottes Geschöpfe um Vergebung und ging weiter durch den Wald und suchte nach dem Bettelweib. Und am dritten Tage kam es zur anderen Seite des Waldes und ging hinab in die Ebene.

Und wenn es durch die Dörfer kam, verhöhnten es die Kinder und warfen mit Steinen nach ihm; und die Bauern wollten es nicht einmal in den Ställen schlafen lassen, aus Furcht, es konnte den Mehltau auf das gespeicherte Korn bringen, so furchtbar war es anzusehen, und ihre Tagelöhner jagten es davon, und niemand hatte Mitleid mit ihm. Und nirgends hörte es von dem Bettelweib, das seine Mutter war, obgleich es drei Jahre lang über die Welt wanderte und oftmals glaubte, sie vor sich auf dem Wege zu sehen, und nach ihr rief und hinter ihr her lief, bis seine Füße von den scharfen Kieseln bluteten. Aber einholen konnte es sie nicht, und die am Wege wohnten, leugneten immer, sie gesehen zu haben, sie oder etwas Ähnliches, und sie verhöhnten seinen Gram. Drei Jahre lang wanderte es über die Welt, und in der Welt war weder Liebe noch Güte noch Erbarmen für das Kind, sondern es war eine Welt, wie es sie in den Tagen seines großen Stolzes um sich geschaffen hatte.

Und eines Abends kam es an das Tor einer stark befestigten Stadt, die an einem Flusse stand, und ob es auch müde und wund war, machte es sich doch auf, hineinzugehen. Aber die Soldaten, die auf der Wache standen, senkten ihre Hellebarden vor den Eingang und sagten rauh zu ihm:

»Was hast du in der Stadt zu suchen?«

»Ich suche nach meiner Mutter«, antwortete es, »und ich bitte euch, laßt mich hinein, denn es kann sein, daß sie in dieser Stadt ist.«

Aber sie verhöhnten es, und einer von ihnen schüttelte seinen schwarzen Bart, setzte seinen Schild nieder und rief:

»Wahrhaftig, deine Mutter wird sich nicht freuen, wenn sie dich sieht; denn du bist scheußlicher als die Kröte des Sumpfes oder die Otter, die im Moraste kriecht. Mache dich fort! Mache dich fort! Deine Mutter wohnt nicht in dieser Stadt.«

Und ein anderer, der eine gelbe Fahne in der Hand trug, sagte zu ihm:

»Wer ist deine Mutter, und warum suchst du sie?«

Und es antwortete:

»Meine Mutter bettelt wie ich, und ich habe sie schlecht behandelt; und ich bitte euch, laßt mich hinein, daß sie mir ihre Verzeihung gebe, wenn sie in dieser Stadt weilt.«

Aber sie wollten nicht und stachen nach ihm mit ihren Speeren. Und als es sich weinend wegwandte, kam einer, dessen Rüstung mit goldenen Blumen eingelegt war und auf dessen Helm ein geflügelter Löwe lag, und er fragte die Soldaten, wer da Eintritt verlangt hätte.

Und sie sagten zu ihm:

»Es war ein Bettler und das Kind einer Bettlerin, und wir haben es fortgejagt.«

»Ei«, rief er lachend, »laßt uns doch das schmutzige Ding als Sklaven verkaufen, und sein Preis soll eine Schale süßenWeines sein.« Und ein alter Mann mit einem bösen Gesicht ging vorüber und rief aus und sagte: »Ich will es um den Preis kaufen«, und als er den Preis gezahlt hatte, nahm er das Sternenkind bei der Hand und führte es in die Stadt.

Und nachdem sie durch viele Straßen gegangen waren, kamen sie an eine kleine Tür in einer Mauer, die von einem Granatbaum bedeckt war. Und der alte Mann berührte die Tür mit einem Ring aus geschnittenem Jaspis, und sie sprang auf; und sie gingen fünf erzene Stufen hinunter in einen Garten, in dem schwarzer Mohn wuchs und grüne Krüge aus gebranntem Lehm standen. Und der alte Mann nahm aus seinem Turban ein Tuch aus bunter Seide und band dem Sternenkind die Augen zu und stieß es vor sich her. Und als ihm das Tuch von den Augen genommen wurde, befand es sich in einem Kerker, den eine Hornlaterne beleuchtete.

Und der alte Mann setzte ihm auf einem Holzteller schimmliges Brot vor und sagte: »Iß!« und salziges Wasser in einem Becher und sagte: »Trink!« Und als es gegessen und getrunken hatte, ging der alte Mann hinaus und verschloß die Tür hinter sich und verriegelte sie mit einer eisernen Kette.

Und im anderen Tage kam der alte Mann, der der verschlagenste der libyschen Zauberer war und seine Kunst von einem gelernt hatte, der in den Gräbern des Niles wohnte, zu ihm herein, sah es finster an und sprach:

»In einem Wald nahe bei dieser Stadt von Giauren liegen drei Stücke Gold. Eins ist aus weißem Gold, ein anderes aus gelbem Gold, und das Gold des dritten ist rot. Heute sollst du mir das Stück weißen Goldes bringen, und wenn du es nicht mitbringst, so werde ich dich mit hundert Schlägen schlagen. Mache dich geschwind auf, und bei Sonnenuntergang werde ich dich an der Tür des Gartens erwarten. Sieh zu, daß du das weiße Gold bringst, oder es wird dir übel ergehen, denn du bist mein Sklave, und ich habe dich um den Preis einer Schale süßen Weines gekauft.«

Und er verband dem Sternenkind die Augen mit dem Tuch aus bunter Seide und führte es durch das Haus und durch den Mohngarten und die fünf erzenen Stufen hinauf. Und nachdem er die kleine Tür mit seinem Ring geöffnet hatte, schob er es auf die Straße.

Und das Sternenkind ging zu den Toren der Stadt hinaus und kam zu dem Wald, wovon ihm der Zauberer gesprochen hatte.

Und der Wald war von außen schön anzusehen und schien voll von singenden Vögeln und süß duftenden Blumen zu sein, und das Sternenkind ging froh hinein. Aber die Schönheit nützte ihm wenig; denn wohin es auch ging, wuchsen scharfe Dornen und Sträucher aus der Erde empor und umklammerten es, und böse Nesseln brannten es, und die Distel stach es mit ihren Dolchen, so daß es in großer Not war. Und nirgends konnte es das Stück weißen Goldes finden, von dem der Zauberer gesprochen hatte, obgleich es vom Morgen bis zum Mittag suchte und vom Mittag bis zum Sonnenuntergang. Und mit Sonnenuntergang wandte es sein Gesicht heimwärts, und es weinte bitterlich, denn es wußte, was es erwartete.

Als es aber den Saum des Waldes erreicht hatte, da hörte es aus einem Dickicht einen Schrei, wie von einem, der in Not ist. Und da vergaß es seine eigene Sorge und lief zurück und fand einen kleinen Hasen in einer Falle, die ein Jäger aufgestellt hatte.

Und das Sternenkind hatte Mitleid mit ihm und befreite ihn und sagte:

»Ich bin selbst nur ein Sklave, und doch kann ich dir die Freiheit geben.«

Und der Hase antwortete ihm und sagte:

»Wahrlich, du hast mir die Freiheit gegeben, und was soll ich dir dafür geben?«

Und das Sternenkind sagte zu ihm:

»Ich suche nach einem Stück weißen Goldes und kann es nirgends finden, und wenn ich es meinem Herrn nicht bringe, wird er mich schlagen.«

»Komm mit mir«, sagte der Hase, »ich will dich zu ihm führen; denn ich weiß, wo es verborgen ist und zu welchem Zweck.«

Und das Sternenkind ging mit dem Hasen, und siehe: im Spalt eines großen Eichbaumes lag das Stück weißen Goldes, das es suchte.

Und es war voller Freude und ergriff es und sagte zu dem Hasen: »Den Dienst, den ich dir tat, hast du viele Male zurückgegeben, und die Güte, die ich dir erwies, hast du hundertfach zurückgezahlt.«

»Nein«, antwortete der Hase; »aber wie du an mir gehandelt hast, habe ich an dir gehandelt«, und er lief hurtig davon, und das Sternenkind ging zur Stadt zurück.

Und am Tore der Stadt saß einer, der ein Aussätziger war. Über sein Gesicht hing eine Kappe aus grauem Leinen, und durch die Augenlöcher glühten seine Augen wie rote Kohlen. Und als er das Sternkind kommen sah, schlug er an ein hölzernes Becken und klirrte mit seiner Glocke und rief es an und sagte:

»Gib mir ein Geldstück, oder ich muß Hungers sterben. Denn sie haben mich aus der Stadt gestoßen, und niemand hat Mitleid mit mir.«

»Ach«, rief das Sternenkind, »ich habe nur ein Stück Goldes in meinem Beutel, und wenn ich das meinem Herrn nicht bringe, wird er mich schlagen, denn ich bin sein Sklave.«

Aber der Aussätzige flehte es an und bat es, bis das Sternenkind Mitleid hatte und ihm das Stück weißen Goldes gab.

Und als es zum Hause des Zauberers kam, öffnete ihm der Zauberer und ließ es herein und sagte:

»Hast du das Stück weißen Goldes?«

Und das Sternenkind antwortete:

»Ich habe es nicht.«

Da fiel der Zauberer über das Kind her und schlug es und setzte ihm einen leeren Teller vor und sagte: »Iß!« und einen leeren Becher und sagte: »Trink!« und warf es wieder in den Kerker.

Am andern Morgen kam der Zauberer wieder zu ihm und sagte: »Wenn du mir heute nicht das Stück gelben Goldes bringst, werde ich dich wahrlich als meinen Sklaven behalten und dir dreihundert Schläge geben.«

Und das Sternenkind ging in den Wald, und den ganzen Tag lang suchte es nach dem Stück gelben Goldes, aber nirgends konnte es es finden. Und beim Sonnenuntergang setzte es sich hin und begann zu weinen; und als es weinte, kam der kleine Hase zu ihm, den es aus seiner Falle befreit hatte.

Und der Hase sagte zu ihm:

»Warum weinst du, und was suchst du im Walde?«

Und das Sternenkind antwortete:

»Ich suche ein Stück gelben Goldes, das hier verborgen ist, und wenn ich es nicht finde, wird mein Herr mich schlagen und mich als seinen Sklaven behalten.«

»Folge mir!« rief der Hase, und er lief durch den Wald, bis er an einen Wasserpfuhl kam. Und auf dem Grunde des Pfuhles lag das Stück gelben Goldes.

»Wie soll ich dir danken?« sagte das Sternenkind. »Denn siehe, das ist das zweitemal, daß du mir geholfen hast.«

»Ja, aber du hattest zuerst Erbarmen mit mir«, sagte der Hase, und er lief eilig fort.

Und das Sternenkind nahm das Stück gelben Goldes und steckte es in seinen Beutel und eilte zur Stadt. Aber der Aussätzige sah es kommen und lief ihm entgegen und kniete nieder und rief:

»Gib mir ein Stück Geldes, oder ich werde Hungers sterben.«

Und das Sternenkind sagte zu ihm:

»Ich habe in meinem Beutel nur ein Stück gelben Goldes, und wenn ich es meinem Herrn nicht bringe, wird er mich schlagen und mich als seinen Sklaven behalten.«

Aber der Aussätzige bat es so sehr, daß das Sternenkind Mitleid mit ihm hatte und ihm das Stück gelben Goldes gab.

Und als es zum Hause des Zauberers kam, öffnete der Zauberer ihm und ließ es herein und sagte:

»Hast du das Stück gelben Goldes?«

Und das Sternenkind sagte:

»Ich habe es nicht.«

Da fiel der Zauberer über das Sternenkind her und schlug es und belud es mit Ketten und warf es wieder in den Kerker.

Und am folgenden Morgen kam der Zauberer zu ihm und sagte: »Wenn du mir heute das Stück roten Goldes bringst, will ich dich freilassen. Aber wenn du es nicht bringst, werde ich dich wahrlich erschlagen.«

Und das Sternenkind ging in den Wald hinaus und suchte den ganzen Tag lang nach dem Stück roten Goldes, konnte es aber nirgends finden. Und am Abend setzte es sich hin und weinte, und als es weinte, kam der kleine Hase zu ihm.

Und der Hase sagte zu ihm:

»Das Stück roten Goldes, das du suchst, liegt in der Höhle hinter dir. Also weine nicht länger, sondern freue dich.«

»Wie soll ich dir lohnen?« rief das Sternenkind. »Denn siehe, dies ist das drittemal, daß du mir geholfen hast.«

»Ja, aber du hattest zuerst mit mir Erbarmen«, sagte der Hase, und er lief eilig fort.

Und das Sternenkind ging in die Höhle, und im entferntesten Winkel fand es das Stück roten Goldes. Und es steckte es in seinen Beutel und eilte zur Stadt. Und der Aussätzige sah es kommen und stellte sich auf die Mitte des Weges, rief aus und sagte: »Gib mir das Stück roten Goldes, oder ich muß sterben«, und das Sternenkind hatte wieder Mitleid mit ihm und gab ihm das Stück roten Goldes und sagte: »Deine Not ist größer als meine.« Aber sein Herz war schwer, denn es wußte, welch übles Schicksal seiner harrte.

Doch siehe: als es durch das Tor der Stadt kam, neigten sich die Wachen und huldigten ihm und sagten:

»Wie schön unser Herr ist!«

Und eine Menge von Bürgern folgte ihm und rief:

»Wahrlich, niemand in der ganzen Welt ist schöner!«

Und das Sternenkind weinte und sprach zu sich: »Sie spotten meiner und machen sich über mein Elend lustig.« Und so groß war der Zusammenlauf des Volkes, daß es die Richtung seines Wegs verlor und sich zuletzt auf einem großen Platze befand, auf dem der Palast eines Königs stand.

Und das Tor des Palastes öffnete sich, und die Priester und die hohen Beamten der Stadt eilten ihm entgegen, und sie erniedrigten sich vor ihm und sagten:

»Du bist unser Herr, auf den wir gewartet haben, und der Sohn unseres Königs.«

Und das Sternenkind antwortete ihnen und sprach:

»Ich bin keines Königs Sohn, sondern das Kind eines armen Bettelweibes. Und warum sagt ihr, ich sei schön, da ich doch weiß, daß ich übel anzuschauen bin?«

Da hielt der, dessen Rüstung mit goldenen Blumen eingelegt war und auf dessen Helm ein geflügelter Löwe lag, einen Schild hoch und rief:

»Warum sagt mein Herr, er sei nicht schön?«

Und das Sternenkind sah hinein, und siehe: sein Gesicht war, wie es gewesen war, und seine Schönheit war zurückgekehrt, und in seinen Augen sah es, was es zuvor in ihnen nie gesehen hatte. Und die Priester und die hohen Beamten knieten nieder und sprachen zu ihm:

»Es war seit langer Zeit geweissagt, daß am heutigen Tage kommen würde, der über uns herrschen soll. Deshalb nehme unser Herr diese Krone und dies Zepter, und in seiner Gerechtigkeit und Gnade sei er unser König über uns.«

Aber es sprach zu ihnen:

»Ich bin nicht würdig, denn ich habe die Mutter, die mich trug, verleugnet, und ich darf nicht ruhen, bis ich sie gefunden habe und ihre Vergebung erfuhr. Deshalb laßt mich gehen, denn ich muß wieder über die Welt wandern and darf hier nicht weilen, ob ihr mir auch die Krone bringt und das Zepter.«

Und als es sprach, wandte es das Gesicht von ihnen und auf die Straße hinaus, die zum Tore der Stadt führte, und siehe: Unter der Menge, die die Soldaten umdrängte, sah es das Bettelweib, das seine Mutter war, und ihr zur Seite stand der Aussätzige, der am Wege gesessen hatte.

Und ein Freudenschrei brach von seinen Lippen, und es lief hinüber und kniete nieder und küßte die Wunden an seiner Mutter Füßen und benetzte sie mit seinen Tränen. Es neigte sein Haupt in den Staub und schluchzte wie einer, dessen Herz brechen will, und es sprach zu ihr:

»Mutter, ich verleugnete dich in der Stunde meines Stolzes. Nimm mich auf in der Stunde meiner Niedrigkeit! Mutter, ich gab dir Haß. Gib du mir Liebe! Mutter, ich stieß dich zurück. Nimm jetzt dein Kind auf!«

Aber das Bettelweib antwortete ihm nicht ein Wort.

Und das Sternenkind streckte die Hände aus und umfaßte die weißen Füße des Aussätzigen und sprach zu ihm:

»Dreimal gab ich dir von meinem Mitleid. Heiß meine Mutter einmal zu mir reden!«

Aber der Aussätzige antwortete ihm nicht ein Wort.

Und es schluchzte wieder und sprach:

»Mutter, mein Leiden ist größer, als ich es tragen kann. Gib mir deine Vergebung und laß mich zurück in den Wald!«

Und das Bettelweib legte ihm die Hand aufs Haupt und sprach: »Stehe auf!« Und der Aussätzige legte ihm die Hand aufs Haupt und sprach auch: »Stehe auf!«

Und es stand auf und sah sie an, und siehe: sie waren ein König und eine Königin.

Und die Königin sagte zu ihm:

»Dies ist dein Vater, dem du geholfen hast.«

Und der König sagte:

»Dies ist deine Mutter, deren Füße du mit deinen Tränen gewaschen hast.«

Und sie fielen ihm um den Hals und küßten es und führten es in den Palast und kleideten es in schöne Gewänder und setzten ihm die Krone aufs Haupt und legten das Zepter in seine Hand; und es regierte über die Stadt an dem Strome und war ihr Herr. Viel Gerechtigkeit und Gnade erzeigte es allen, und den bösen Zauberer verbannte es, und dem Holzfäller und seiner Frau schickte es viele reiche Gaben, und ihren Kindern gab es große Ehre. Und es duldete nicht, daß irgend jemand gegen Vogel und Vieh grausam war, sondern lehrte Liebe und Güte und Erbarmen, und den Armen gab es Brot und den Nackenden Kleidung, und es war Friede und Fülle im Lande.

Doch das Sternenkind herrschte nicht lange, so groß war sein Leiden und so bitter das Feuer seiner Prüfung gewesen; denn nach drei Jahren starb es. Und der nach ihm kam, herrschte übel.